Edition Professions- und Professionalisierungsforschung

Band 9

Reihe herausgegeben von
R. Becker-Lenz, Olten, Schweiz
S. Busse, Mittweida, Deutschland
G. Ehlert, Mittweida, Deutschland
S. Müller-Hermann, Basel, Schweiz

Das Interesse an der Professionalität Sozialer Arbeit aber auch der der angrenzenden Professionen und Berufe im Bildungs-, Erziehungs- und Gesundheitsbereich hat in den letzten Jahren sowohl in der Praxis als auch innerhalb der Theoriebildung deutlich zugenommen. Was Professionalität im Kern ausmacht, welche Bedeutung disziplinäres Wissen, methodische Kompetenz, ein professioneller Habitus und eine professionelle Identität haben und wie diese im beruflichen Handeln integriert werden, wird kontrovers diskutiert und zunehmend empirisch aufgeklärt. Darüber hinaus werden sowohl Fragen des fortschreitenden Professionalisierungs- und Akademisierungsbedarfes als auch Phänomene der Deprofessionalisierung bis in die klassischen Professionen hinein virulent und sensibel wahrgenommen. Auf dem Hintergrund globaler Veränderungen der Arbeitswelt, organisationeller und institutioneller Rahmenbedingungen beruflichen wie professionellen Handelns wird der Bedarf an einer professionstheoretisch und transdisziplinär geleiteten Verständigung über diese Fragen noch zunehmen. Die Edition: „Professions- und Professionalisierungsforschung“ soll dazu ein Forum zur Verfügung stellen, in dem Beiträge erscheinen, die den Professionalitätsdiskurs in den Feldern Soziale Arbeit, Bildung, Erziehung und Gesundheit fundieren und weiterentwickeln.

Weitere Bände in der Reihe http://www.springer.com/series/10739

Gertrud Siller

Professionelle Bildungsberatung

Bedarfe und ungleichheitskritische Neuorientierung

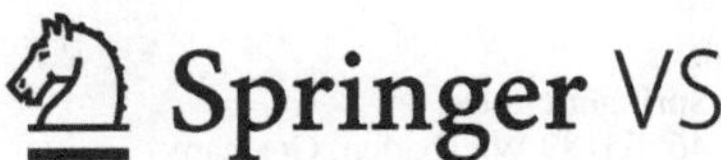

Gertrud Siller
Fachbereich Sozialwesen
Fachhochschule Bielefeld
Bielefeld, Deutschland

Edition Professions- und Professionalisierungsforschung
ISBN 978-3-658-19543-4 ISBN 978-3-658-19544-1 (eBook)
https://doi.org/10.1007/978-3-658-19544-1

Die Deutsche Nationalbibliothek verzeichnet diese Publikation in der Deutschen Nationalbibliografie; detaillierte bibliografische Daten sind im Internet über http://dnb.d-nb.de abrufbar.

Springer VS

Verantwortlich im Verlag: Stefanie Laux

Gedruckt auf säurefreiem und chlorfrei gebleichtem Papier

Check for updates

Springer VS ist ein Imprint der eingetragenen Gesellschaft
Springer Fachmedien Wiesbaden GmbH und ist Teil von Springer Nature
Die Anschrift der Gesellschaft ist: Abraham-Lincoln-Str. 46, 65189 Wiesbaden, Germany

Inhaltsverzeichnis

Einführung 1

Aus bildungspolitischer Perspektive erscheint Beratung als flankierende Maßnahme zur Unterstützung von Bildungswegen fraglos wichtig. Die in diversen Dokumenten und Entschließungen sichtbar werdende Forderung der Europäischen Union nach einem Ausbau von Bildungsberatung zur Umsetzung des europäischen Bildungskonzeptes lebenslangen Lernens proklamiert einen strukturellen Bedeutungszuwachs dieses Beratungsformats (Kommission der Europäischen Gemeinschaften 2000; 2001; EU 2004; 2008).[1] Bildungsberatung ist als Handlungsfeld Teil eines internationalen bildungspolitischen Trends mit dem Bestreben, zum einen die Beschäftigungs- und Anpassungsfähigkeit der Menschen in einer globalisierten Wirtschaft zu verbessern, zum anderen ein chancengerechtes Zusammenleben zu fördern. Der Aspekt der Chancengerechtigkeit hat zwar im Vergleich

1 Diskussionen über Beratung im Bildungskontext sind historisch kein neues Phänomen. In den meisten europäischen Ländern ist Bildungsberatung erstmals im Rahmen der Bildungsreformen der 1960er und 1970er Jahre ein zentrales Thema. Sowohl bildungspolitisch als auch bildungstheoretisch stehen die damaligen Debatten im Zusammenhang mit gesellschaftlichen Emanzipations- und Demokratisierungsprozessen. Beratung wird im (sozial-)pädagogischen Kontext als eine spezifische, aufklärungsbetonte Hilfeform beschrieben (Mollenhauer 1964). „Alle Erziehung sollte auf kritische Aufklärung, auf Mündigkeit, Autonomie und Selbstverwirklichung im individuellen und gesellschaftlichen Bereich zielen, Beratung wird als ein Mittel zur Förderung dieser Zielsetzung verstanden" (Hornstein 1977, S. 34).

G. Siller, *Professionelle Bildungsberatung*, Edition Professions- und Professionalisierungsforschung 9,
https://doi.org/10.1007/978-3-658-19544-1_1

zu reformpolitischen Debatten um lebenslanges Lernen in den 1970er Jahren an Gewicht verloren, ist jedoch weiterhin ein wichtiges Ziel.[2]

Mit Beratung als eine Art „Schmieröl" wird heute europaweit gezielt auf eine primär individualisierte Unterstützung von Bildung, Aus- und Weiterbildung gesetzt, die im Zusammenhang mit beruflichen Perspektiventwicklungen steht. Bereits im Jahr 2004 fordert der Rat der Europäischen Union die EU-Staaten dazu auf, ihre diesbezüglichen Beratungssysteme zu bündeln und zu vernetzen (Europäische Union 2004, S. 2). Angeregt wird ein kompetenzorientiertes Lernen „in allen Lebensphasen und Lebensbereichen, an verschiedenen Lernorten und in vielfältigen Lernformen", das durch eine entsprechende Beratung unterstützt werden soll (Bund-Länder-Kommission 2004, S. 5).

In Folge dieser strukturellen Verknüpfung von lebenslangem Lernen mit Beratung auf bildungspolitischer Ebene ist Bildungsberatung als Thema auch im Rahmen bildungswissenschaftlicher Debatten deutlich sichtbarer geworden, und Forschungsarbeiten dazu haben sich intensiviert. Schwerpunkte bilden zum einen Wirkungsstudien, Statistiken und Monitorings, zum anderen Studien, die Prozess- und Interaktionsverläufe in der Beratung analysieren (Käpplinger und Maier-Gutheil 2015). In diesen aktuellen Arbeiten sind durchgängig Bemühungen um theoretische Grundlegungen und um eine Professionalisierung von Beratung im Bildungskontext wichtig (Maier-Gutheil 2013; Schiersmann und Weber 2013; Enoch 2013; Siller 2014; Gieseke und Stimm 2016).

Eine Professionalisierung von Bildungsberatung voranzutreiben, erweist sich jedoch als ein mühsames Unterfangen, da sie sich auf mehreren Ebenen als äußerst heterogenes Handlungsfeld darstellt. Diese Heterogenität zeigt sich sowohl an ihren vielfältigen Bezeichnungen und Bezugsfeldern (wie Lernberatung, Qualifizierungsberatung, Kompetenzberatung, Weiterbildungsberatung usw.) als auch an der nach wie vor unüberschaubaren Angebotsstruktur. Bildungsberatung in Deutschland ist sowohl Querschnittsaufgabe in Organisationen der Bildung und Weiterbildung (z. B. Schulen, Volkshochschulen, Bildungswerke, Agentur für Arbeit, Hochschulen), in denen sie eine Teilaufgabe darstellt, als auch exklusiv in

2 Europarat und Europäische Union, die UNESCO und die OECD entwickeln internationale Bildungsreformdebatten zum lebenslangen Lernen bereits in den 1970er Jahren. Appelliert wird an eine permanente Bildung als Grundstein eines weltweit gültigen Konzepts einer „Lerngesellschaft" (Faure et al. 1973, S. 246). In der Bundesrepublik führen diese frühen Debatten, die gerahmt sind von reformpolitischen Forderungen nach verbesserter Chancengleichheit, vor allem zu Investitionen in die Ausweitung der Bildungsbeteiligung in Schule und Hochschule oder – im Bereich der Weiterbildung – zum Ausbau der Volkshochschulen. Basis bleibt ein institutionalisiertes Lern- und Bildungsverständnis.

entsprechenden Beratungseinrichtungen verankert (z. B. Bildungsberatungsstellen der Kommunen oder Wohlfahrtsverbände).[3]

Darüber hinaus ist die Organisation der Angebotsstrukturen von Beratung im Bildungs- und Weiterbildungssystem weitgehend abhängig von bildungspolitischen Interessen und einer dementsprechenden öffentlichen Finanzierungsbereitschaft.[4] Sie ist für diejenigen, die sie in Anspruch nehmen, in der Regel kostenlos. Im Rahmen dieser Strukturen reichen die zur Verfügung stehenden öffentlichen Mittel oft nicht aus, um gut qualifiziertes Personal einzustellen, so dass „semi-professionelle Beratungsstrukturen" entstehen (Käpplinger 2009, S. 232). Das heißt: Beschäftigungsverhältnisse sind oft Projektgebunden befristet und konzeptionell sowie inhaltlich an ihre jeweilige Trägerorganisation gebunden. Diese Beschreibung entspricht der Situation im gesamten Feld der Weiterbildung. Der jüngste Bildungsbericht, der erstmals Aussagen zum Personal in der Weiterbildung macht, bezeichnet dieses Beschäftigungsfeld als „nur begrenzt professionalisiertes pädagogisches Beschäftigungsfeld" und bestätigt mit seinen Befunden „das in der Wissenschaft seit längerem diskutierte Bild eines semiprofessionellen Beschäftigungsbereichs (begrenzte exklusive fachwissenschaftliche Ausbildung, Laufbahnstrukturen, gemeinsames Berufsethos u. a.)" (Autorengruppe Bildungsberichterstattung 2016, S. 2).

Auf der Konzeptebene liegen einige Arbeiten vor, die auf eine stärkere Konturierung und Typologisierung spezifischer Beratungsformate im Bildungskontext abzielen (Gieseke 2000; Arnold und Mai 2009; de Cuvry et al. 2009). Gemeinsam ist diesen Strukturierungsvorschlägen zur Bildungsberatung zum einen, dass sie sich pragmatisch-induktiv an bereits praktizierten Beratungskonzepten in der Erwachsenenbildung orientieren. Zum anderen teilen sie die Zielsetzung, generalisierbare Vorgehensweisen zu entwickeln, die in den heterogenen Handlungs- und Bezugsfeldern in möglichst vielen Beratungssituationen einsetzbar sind (Siller 2014, S. 16ff.).

---

3 Es gibt gegenwärtig eine Vielzahl von Fortbildungsangeboten für Bildungsberatung über regional organisierte Qualifizierungszentren oder universitäre Studiengänge (u. a. Heidelberg, Münster) mit deutlich heterogenem theoretischen Anspruchsniveau, das der Vielgestaltigkeit des Bildungsberatungsangebots entspricht (Käpplinger und Maier-Gutheil 2015, S. 165).

4 Deutlich zeigt sich dies bereits in den 1970er Jahren. Bildungspolitisch ist Bildungsberatung damals zwar Teil von Strukturplänen mit reformpolitischen Forderungen nach größerer Chancengleichheit. Allerdings kommt es nicht dazu, dass sich ein Bildungsberatungssystem als eigenständiger Handlungsbereich im Bildungssystem herausbildet (Siller 2014, S. 13f).

Anders als es der proklamierte Bedeutungszuwachs von Beratung im Bildungs- und Beschäftigungskontext und die Zunahme wissenschaftlicher Arbeiten dazu vermuten lassen, ist bisher jedoch weder ein systematischer Ausbau von Beratung in diesen Handlungsfeldern oder eine Systematisierung der Angebotsstrukturen dieser Beratungsform zu verzeichnen noch gibt es deutlich höhere Teilnahmequoten an bestehenden Beratungsangeboten. Aufgrund der heterogenen und wenig überschaubaren Struktur des Feldes liegen zwar keine umfassenden Zahlen zur Inanspruchnahme und zur Entwicklung dieses Beratungsangebotes vor. Jedoch weisen die aus repräsentativen Bevölkerungsumfragen gewonnenen quantitativen Eckdaten des Adult Education Surveys (AES) zur Inanspruchnahme persönlicher Beratung zu eigenen Weiterbildungsmöglichkeiten deutlich darauf hin, dass sie nicht steigt, sondern „längerfristig rückläufig" ist (Kuwan und Seidel 2013, S. 247). Der Anteil der Personen, die sich persönlich zu Weiterbildungsfragen beraten ließen, halbiert sich zwischen 1994 und 2012 von 15 % auf 8 % (ebd., S. 242), was sich durch den AES Trendbericht 2014 noch einmal bestätigt (Bundesministerium für Bildung und Forschung 2015, S. 52).

Allerdings muss bei diesen Zahlen berücksichtigt werden, dass sie sich allein auf eine Weiterbildungsberatung beziehen, die in ca. zwei von drei Fällen bei Arbeitsagenturen oder beim Arbeitgeber erfolgten. „Andere Stellen wie z. B. Beratungsstellen von Weiterbildungsträgern, Universitäten oder Kammern folgen mit Anteilswerten von unter 10 Prozent mit deutlichem Abstand" (Kuwan und Seidel 2013, S. 243). Die Zufriedenheit mit der erfahrenen Weiterbildungsberatung ist begrenzt. „Etwas mehr als jeder vierte Ratsuchende ist unzufrieden. Probleme scheint es vor allem für Arbeitslose und im Bereich der Arbeitsagenturen zu geben" (ebd., S. 247). Bei letzteren ist nur jeder zweite Beratene zufrieden.[5]

Auch wenn diese Zahlen lediglich Eckdaten mit begrenzter Aussagekraft darstellen können, da Bildungsberatung neben dieser erwachsenenbildnerischen Perspektive der Weiterbildungsberatung auch Teil von grundständiger Bildung und Ausbildung ist (z. B. als Lernberatung und Bildungscoaching in schulischen Strukturen, als Karriereberatung, Coaching oder Mentoring in beruflichen Kontexten), machen sie doch darauf aufmerksam, dass von einer selbstläufigen Koppelung bildungspolitischer Proklamationen mit realen gesellschaftlichen Entwicklungen nicht ausgegangen werden kann. Hier zeigt sich eine fehlende Differenzierung

5 Die Autoren weisen an dieser Stelle darauf hin, dass dieses Ergebnis „nicht zwangsläufig für eine schlechtere Beratungsqualität bei Arbeitsagenturen" spreche und geben zu bedenken, „dass relativ vielen Arbeitssuchenden Aufbau, Zuständigkeiten und genaue Aufgaben der Arbeitsagenturen nicht immer klar sind; entsprechend hoch sind Missverständnispotenziale in der Kommunikation" (Kuwan und Seidel 2013, S. 247).

zwischen Diskurs und Realität, die aus bildungswissenschaftlicher Perspektive problematisch ist. Lebenslanges Lernen gilt in Politik und Wirtschaft als entscheidende Voraussetzung für die Anschlussfähigkeit in globalisierten und digitalisierten Arbeitswelten, aber die Umsetzung dieses Anspruchs mit Hilfe von Beratung verweist auf eine deutlich begrenzte gesellschaftliche Reichweite.

Gerade für diejenigen gesellschaftlichen Gruppen, die sich in ihrem Selbstverständnis wenig über ihren Bildungsstatus oder ihre kontinuierliche Weiterbildung definieren, die darüber wenig Anerkennung erfahren oder die sich im Bildungssystem und in der Arbeitswelt als gescheitert erleben, bleibt genauer zu analysieren, ob, wie und mit welchem Ziel sie mit Beratung zu unterstützen sind. Die oben genannten statistischen Eckdaten weisen darauf hin, dass gerade für sie der Nutzen des bildungspolitisch proklamierten Ziels fraglich ist, mit Beratung als strukturellem Bestandteil von Bildungsprozessen „die Bürger jeden Alters in jedem Lebensabschnitt dazu (zu) befähigen, sich Aufschluss über ihre Fähigkeiten, Kompetenzen und Interessen zu verschaffen, Bildungs-, Ausbildungs- und Berufsentscheidungen zu treffen sowie ihren persönlichen Werdegang bei der Ausbildung, im Beruf und in anderen Situationen, (…) selbst in die Hand zu nehmen" (Europäische Union 2004, S. 2).

In der Umsetzung erweist sich die Verknüpfung von Bildung und Beratung mit dieser Zielsetzung komplizierter und voraussetzungsreicher als es in den internationalen bildungspolitischen Absichtserklärungen erscheint. Viel zu wenig sichtbar sind vor allem die Perspektiven derjenigen, die diese Beratung für ihre Bildungsprozesse nutzen sollen. Welches Verständnis von Bildung haben sie? Welche Erfahrungen machen sie auf ihren Bildungswegen? Welche Bedürfnisse entwickeln sie und welche Form der Unterstützung benötigen sie (nicht)? Und wie muss ein Professionalitätsverständnis von Bildungsberatung fundiert sein, das diese Fragen mit aufnehmen kann?

Im Folgenden werden zunächst zentrale Ergebnisse einer eigenen rekonstruktiven Fallstudie vorgestellt, die erste Antworten auf diese Fragen geben kann (Kapitel 2). Sie gibt in exemplarischer Form Einblicke in Erfahrungen mit Bildungsprozessen und in Bedarfsstrukturen für Bildungsberatung. Dabei handelt es sich um eine zielgruppenspezifische Studie, die sich auf Menschen mit Migrationsgeschichte als einer der bildungspolitisch forcierten Zielgruppen für Bildungsberatung konzentriert. Deutlich wird eine große Spannbreite möglicher Beratungsbedarfe, aber auch Hindernisse für die Inanspruchnahme dieser Beratungsform. Es zeigt sich, dass der Bedarf an Unterstützung in Bildungsfragen im jeweiligen alltags- und lebensweltlichen Kontext entsteht und mit nicht allein auf Bildung konzentrierten Fragen zur Lebensgestaltung und -bewältigung eng verwoben ist.

Diese empirischen Ergebnisse verweisen auf notwendige Erweiterungen der theoretischen Reflexionsbasis von Konzepten professioneller Beratung zur Unterstützung von Bildungsprozessen. Deshalb schließt sich eine grundlegende theoretische Diskussion zum Verständnis von Bildung in ihrer Verknüpfung mit Beratung an (Kapitel 3). Dabei wird vor allem die Problematik eines Bildungsverständnisses kritisch reflektiert, das darauf setzt, die einzelnen Subjekte ihre Bildungsprozesse – wenn nötig mit Beratung – individuell und selbststeuernd regulieren zu lassen. Die kritische Reflexion führt zu der zentralen These, dass diese bildungspolitische Ausrichtung Gefahr läuft, gesellschaftliche Ausgrenzungsprozesse zu verschärfen statt mehr Chancenvielfalt zu ermöglichen, weil es die Bedeutung lebensweltlicher Bildungsprozesse und selektiver Zugangsstrukturen des Bildungssystems als wesentliche Voraussetzung für institutionelle Bildungsprozesse zu wenig mit in den Blick nimmt.

Im vierten Kapitel münden die vorangegangenen Ausführungen in die Diskussion theoretischer Leitlinien für ein an die Erweiterung von Verwirklichungschancen orientiertes Beratungsverständnis und für Eckpfeiler einer professionalitätstheoretischen Verankerung von Beratung im Bildungskontext. Als heuristische Grundlage dient dazu der von Sen und Nussbaum entwickelte gerechtigkeits- und ungleichheitstheoretisch fundierte Capability Approach (Befähigungs- bzw. Fähigkeitenansatz), der den analytischen Fokus auf die reale Freiheit des Subjekts legt, Handlungsfähigkeiten zu verwirklichen und zu gestalten. In einem zweiten Schritt wird diese Fähigkeitenperspektive in einen Zusammenhang mit sozialwissenschaftlichen Ansätzen gestellt, die den Aspekt der Handlungsfähigkeit als Produkt einer Wechselbeziehung zwischen Subjekt und sozialstrukturellen Voraussetzungen im Bildungswesen fassen. Diese Grundlegung ermöglicht ein Verständnis von Bildungsberatung, das primär konkrete Fähigkeiten, Bedürfnisse und Interessen sowohl von Jugendlichen und Heranwachsenden als auch von Erwachsenen in Bezug auf ihre Bildung, Aus- und Weiterbildung in den Mittelpunkt stellt.

2 Bildungserfahrungen und Unterstützungsbedarf durch Beratung

Zielgruppenspezifische empirische Einblicke

Zielgruppenspezifische Studien, die einen Unterstützungsbedarf in Bildungsfragen ins Zentrum ihres Interesses rücken, sind bisher rar.[6] Die im Folgenden vorgestellte eigene Forschungsarbeit rekonstruiert Zusammenhänge zwischen biografischen Bildungsverläufen, soziokulturellen Hintergründen und einem Bildungsberatungsbedarf bei Menschen mit Migrationsgeschichte. Ziel der Studie „Bildungsberatung und Migration" ist es, auf der Basis offener Leitfadeninterviews möglichst differenzierte Erkenntnisse zu der Frage zu gewinnen, wie in jeweils spezifischen Lebenskontexten Bildungswege entwickelt werden und welcher Unterstützungsbedarf dabei relevant ist (Siller 2014). Der Analyse liegt eine biografietheoretische Herangehensweise zugrunde, die den Prozess der Erfahrungsbildung der Befragten in ihren konkreten sozialen und institutionellen Bildungsverläufen rekonstruiert. Methodologisch wird dabei auf die Grounded Theory Bezug genommen, und zwar mit dem Ziel, Bildungsberatung theoretisch und konzeptionell mit den spezifischen Lebenswelt- und Bedarfsstrukturen ihres Klientels stärker in die Diskussion zu bringen.

Die Untersuchungsgruppe setzt sich zusammen aus vier Männern und fünf Frauen mit Migrationsgeschichte aus der Türkei, Russland, dem ehemaligen Jugoslawien, Italien und Griechenland. Sie sind zum Zeitpunkt der Interviews zwischen 34 und 64 Jahre alt. Sieben der Befragten haben in Deutschland Abitur gemacht, ein Studium absolviert und sind heute beruflich integriert. Zwei Befragte

---

6 Vgl. Schlüter 2014; zur Annäherung an die Thematik in der beschäftigungsorientierten Beratung vgl. den Sammelband von Guggemos et al. 2014.

G. Siller, *Professionelle Bildungsberatung*, Edition Professions- und Professionalisierungsforschung 9,
https://doi.org/10.1007/978-3-658-19544-1_2

haben einen Hauptschulabschluss und sind zum Zeitpunkt des Interviews erwerbslos.[7] Insgesamt fällt bei dem zu Grunde liegenden Sample auf: Es ist durchgängig davon gekennzeichnet, dass Bildung, vor allem Bildungsabschlüsse für das eigene Selbstverständnis und als Indiz für eine gelungene gesellschaftliche Integrationsleistung eine große Bedeutung haben.

Für die Bildungsprozesse und -erfolge der Befragten spielt die Bedeutung, die Bildung in ihren Familien gegeben wird, eine zentrale Rolle. Auffällig ist dabei, dass dies nicht gleichzusetzen ist mit hohen Bildungsabschlüssen der Elterngeneration.

Anlässe, die mit einer Inanspruchnahme von Bildungsberatung in Zusammenhang gebracht werden, sind sehr heterogen. Die bildungsbiografischen Orientierungsmuster in den Fallrekonstruktionen weisen auf zwei Achsen von Bedarfskonzentrationen hin:

Um die erste Achse konzentriert sich ein Bedarf an konkretem Wissen zum Aufbau und zur Nutzung des deutschen Schul-, Hochschul- und Weiterbildungssystems. Es geht um Wissen über mögliche individuelle Bildungswege, um situations- und sachbezogene Fragen im Hinblick auf ein bestimmtes Bildungsziel und um Fragen zu dazu notwendigen Voraussetzungen. Zugang und Eintritt in das deutsche Bildungssystem bringen Fragen mit sich, die sich vor allem auf seine mehrgliedrige Struktur beziehen. Im Rahmen der jeweils spezifischen soziokulturellen Hintergründe der Einzelnen werden diese Aspekte in unterschiedlicher Weise relevant.

Ein Kernpunkt der auf Wissen konzentrierten Bedarfsstruktur besteht darin, dass es sich um *punktuell zu klärende Anliegen* handelt, für die kein längerer Beratungsprozess angestrebt wird. Dieser Bedarfstypus zielt auf eine Bildungsberatung, die als „Informationsberatung" (Arnold und Mai 2009) oder als Typus der „informativen Beratung" (Gieseke 2000). Er ist, unabhängig von der Heterogenität der konkreten Bildungsbiografien, in allen dieser Studie zugrunde liegenden Fällen zu finden. Allerdings macht Maier-Gutheil in diesem Zusammenhang zu Recht

---

7 Aufgrund der geringen Bereitschaft zu einem solchen Interview von Seiten erwerbsloser Frauen und Männer konnte nicht an der geplanten gleichmäßigen Verteilung von erwerbstätigen und erwerbslosen Befragten festgehalten werden. Lediglich zwei erwerbslose Frauen mit italienischem und russischem Herkunftshintergrund erklärten sich zu einem Interview bereit. Diese Schwierigkeit bei der Zusammensetzung des Samples kann unterschiedliche Gründe haben. Sie kann Zufall sein, aber auch darauf hindeuten, dass es sich bei dieser Thematik, die persönliche Bildungswege und deren Unterstützung anspricht, gerade bei solchen Menschen um eine sensible Sphäre handelt, in deren Bildungsbiografien Erfahrungen des Scheiterns eine Rolle spielen. Eine weitere Erklärung könnte sein, dass Bildung und ihre Unterstützung primär für solche Menschen ein Thema ist, die Bildung für ihr Selbstverständnis hoch bewerten, während mit diesem Zuschnitt der Forschungsfrage Menschen, die sich nicht in erster Linie über Bildung definieren, nicht erreicht werden.

darauf aufmerksam, dass die reine Weitergabe von Informationen nicht identisch ist mit Beratung: „Geht es um einen Prozess der Selbstklärung (...), kann Informationsvermittlung zwar auch bedeutsam sein, sie bedarf aber der Einbettung in fallspezifische Kontexte (situativ oder biografiebezogen), damit von Beratung gesprochen werden kann" (Maier-Gutheil 2013, S. 181).

Um die zweite Achse bildet sich ein Bedarfsmuster ab, bei dem eine *Orientierung gebende Begleitung im Bildungsprozess* im Mittelpunkt steht. Dieses Bedarfsmuster lässt sich vom informationsbezogenen nicht trennscharf abgrenzen, weil auch Informationen eine Orientierungssuche erleichtern können. Der Fokus geht hier jedoch in eine andere Richtung. Zentral ist der Wunsch nach einer prozesshaften persönlichen Unterstützung. Es geht um die Unterstützung von Kommunikations- und Orientierungssicherheit im deutschen Bildungs- und Weiterbildungssystem, auch im Hinblick auf mögliche Erwerbswege. Fragen zu Bildung und Weiterbildung sind eingebettet in generellere Zusammenhänge, die Einschnitte oder Übergänge im Lebenslauf ebenso betreffen wie Chancen auf ein gutes gesellschaftliches Zusammenleben.

Bei der in dieser Studie im Mittelpunkt stehenden Gruppe von Menschen mit Migrationsgeschichte zeichnen sich nicht nur konkrete, situativ eingrenzbare Übergangssituationen im Bildungssystem oder um Weiterbildungsentscheidungen als beratungsrelevant ab. Immer wieder spielt in der grundständigen Bildungszeit, in der Ausbildung, im Studium oder im Rahmen von Weiterbildung auch eine Balancierung von Unsicherheiten in Bezug auf Voraussetzungen und Anforderungen an eigene Kompetenzen und darauf bezogene Selbsteinschätzungsfähigkeiten eine Rolle. Eine zentrale Thematik sind beispielsweise Unsicherheiten in Bezug auf die Einschätzung der eigenen Fähigkeiten im Vergleich mit gleichaltrigen Anderen, die von den Befragten mit der Migrationsgeschichte der Herkunftsfamilie verbunden werden. Im Mittelpunkt steht das Bedürfnis, vor dem Hintergrund heterogener sozialkultureller Lebenswelten Selbstbewusstsein zu entwickeln für ein Zutrauen in das eigene Wissen und Können und dementsprechende berufliche Zukunftsorientierungen. Dies stellt ein wichtiges Anliegen an Bildungsberatung dar. Sie wird in diesen Zusammenhängen benötigt als eine Art Mentoring, Coaching oder Supervision, die sich am Subjekt in seinem konkreten Lebenskontext orientiert. Um diese Zusammenhänge exemplarisch zu konkretisieren, wird im Folgenden zunächst ein Fallbeispiel vorgestellt, das sowohl einen Einblick gibt in die spezifische subjektive Bedeutung, die Bildung haben kann, als auch einen Bedarf für eine Bildungsprozesse begleitende Unterstützung sichtbar macht[8].

---

8 Die Fallrekonstruktion ist im Rahmen der Studie „Bildungsberatung und Migration" entwickelt worden und wird hier in überarbeiteter Form vorgestellt (Siller 2014, S. 118-

2.1 „Je mehr Bildung vorhanden ist, umso besser kann man zusammen leben. So ganz generell" – Ergebnisse einer Fallstudie

Bildungsbiografische Skizze

Herr Völter wurde 1968 in der damaligen Sowjetunion geboren. Im Jahr 1975 – zur Zeit des Kalten Krieges – emigriert er zusammen mit seinen Eltern und seinen sieben Geschwistern nach Deutschland. Die Familie gehört einer russisch-mennonitischen Glaubensgemeinschaft[9] an und kommt zunächst in einem Auffanglager unter. Dort besucht der Befragte erstmalig eine Grundschule. Es erfolgt ein Grundschulwechsel nach dem Umzug der Familie in eine andere deutsche Stadt. Die Familie lebt dort in einer Siedlung des sozialen Wohnungsbaus.

Nach seinem Abitur studiert Herr Völter an einer Universität Deutsch als Fremdsprache in einem Magisterstudiengang und belegt Pädagogik und Anglistik in seinen Nebenfächern. Derzeit ist er als freiberuflicher Dozent für Deutsch als Fremdsprache tätig. Er hat Kinder (die Zahl der Kinder bleibt im Interview unklar) und lebt in Scheidung.

Bildungsberatung nimmt er als ein sehr gutes Angebot wahr und hätte sie sich besonders in den Übergangssituationen auf seinem Schul- und Hochschulweg für sich selbst gewünscht. Entsprechende Angebote sind ihm jedoch nicht begegnet. Seine Erfahrungen mit einem Unterstützungsbedarf in Bildungsfragen anderer Menschen seiner sozial-kulturellen Herkunft und mit einer eigenen Eheberatung nimmt Herr Völter zum Anlass, klare Bedingungen an eine professionelle Bildungsberatung zu formulieren. In diesem Zusammenhang macht er auch spezifische Zugangsprobleme für Zuwandererfamilien deutlich.

Bildung als persönliches Glück

Bildung hat eine vielschichtige Bedeutung im Leben des Befragten und bezieht verschiedene gesellschaftliche Ebenen mit ein:

> *„Also ganz allgemein finde ich Bildung sehr wichtig, für mich persönlich und auch für die Gesellschaft, in der ich lebe. Mm, ich glaube einfach, ich habe so die feste*

135).

9 Bei den Mennoniten handelt es sich um eine im Zuge der Reformation entstandene protestantische Freikirche, benannt nach dem niederländisch-friesischen Reformator Menno Simons aus der Bewegung der Täufer. In den 1970er Jahren begann die Emigration von den in der Sowjetunion lebenden Mennoniten. In der Bundesrepublik Deutschland leben ca. 200.000 Menschen mit russlandmennonitischer Herkunft und bilden die Mehrheit der deutschen Mennoniten.

Überzeugung davon, dass ein (*) also, die kleine Gruppe in der ich mich bewege und auch so die größere Gesellschaft in der ich bin, einfach Bildung braucht, und je mehr Bildung vorhanden ist, umso besser kann man zusammen leben. So ganz generell. Also ich, Bildung ist für mich etwas sehr wichtiges, was ich sowohl für mich selbst haben möchte, als auch meinen Kindern wünsche und auch in der Gesellschaft gerne dazu beitragen möchte, dass Bildung läuft und funktioniert. Das ist so der, meine allgemeine Meinung dazu. (*) Und ansonsten für mich persönlich, früher irgendwie zu wenig Bildung gehabt, so im großen Ganzen, und nach und nach habe ich mir dann so selbst einiges erschließen müssen. Also zu wenig früher meine – mein Vater sagte zwar immer, ‚Du musst lernen Junge, lernen, lernen, lern' so viel du kannst, dann hast du's besser im Leben', das war so (*) ähm, etwas gut Gemeintes von ihm, aber er konnte selbst nicht viel dazu beisteuern, weil er selbst wenig Bildung hatte und meine Mutter auch (*) Russland, Krieg und so, und ähm das hat sich nicht ergeben. Er hätte wahrscheinlich gewollt, meine Mutter wahrscheinlich auch, aber es war nicht möglich. Und so beide hatten nichts dagegen oder wünschen es sich für ihre Kinder, für ihre acht Kinder. Einer von acht, also Geld war auch nicht vorhanden wenn du hier ankommst in Deutschland, so um da groß was zu unterstützen. Ok. Zum Glück ist Bildung hier frei in Deutschland relativ, deswegen war, das ist dann mein Glück gewesen, ich konnte hier erst mal so normal Schule machen wie alle anderen auch, Studieren, da gab's dann zum Glück Bafög, also (*) also so war Bildung dann doch möglich, ne?" (S. 1, 13–46).

Bildung ist „*ganz allgemein*" (S. 1, 13) „*sehr wichtig*". Sowohl für ihn persönlich als auch für die ihn umgebende Gesellschaft erfüllt sie eine gesellschaftliche Integrationsfunktion. Die Gesellschaft, in der er lebt, differenziert er in die „*kleine Gruppe*" seines sozialen Nahraums und die „*größere Gesellschaft darum herum*". Die Qualität ihres Zusammenlebens ist für ihn abhängig vom Bildungsgrad: Je mehr Bildung den Menschen in dieser Gesellschaft zur Verfügung steht, desto besser ist ihr Zusammenleben. Er sieht hier einen Wirkzusammenhang. Seine Formulierungen „*feste Überzeugung*" und „*Glaube*", zeigen, dass diese Einstellung auf verinnerlichten Werten basiert. Er möchte Bildung nicht nur für sich selbst in Anspruch nehmen, sondern wünscht sie auch seinen Kindern und möchte darüber hinaus einen gesellschaftlichen Beitrag dazu leisten, dass Bildung „*läuft und funktioniert*". Das heißt, er möchte dazu beitragen, ein gutes Zusammenleben verschiedener Gruppen in der Gesellschaft zu gewährleisten. Dies geschieht nicht selbstläufig, sondern benötigt ein aktives Zutun von Einzelnen, das durch Bildung fundiert wird.

Hintergrund dieses Verantwortungsgefühls ist seine persönliche Bildungsbiografie. Für Herrn Völter war der Zugang zu Bildung nicht selbstverständlich. Seine Eltern hatten durch die Kriegszeit „*wenig Bildung*", sehen in ihr jedoch für ihre Kinder den Schlüssel zu einem besseren Leben. Herr Völter betont hier die Rolle seines Vaters, der ihn zum Lernen aufgefordert hat. Der Förderwille des Vaters steht allerdings im Kontrast zu seinen Fördermöglichkeiten. Aufgrund des mangelnden Bildungshintergrundes kann er seinem Sohn weder in finanzieller noch in ideeller Hinsicht Impulse und Hilfen liefern, so dass sich dieser seinen Weg selbst erschließen muss.

Vor diesem Hintergrund begrenzter familialer Ressourcen stellt sich die Struktur des deutschen Bildungssystems als Glücksfall dar: Der freie Zugang zu Schul- und Hochschulbildung unabhängig von der sozialen und finanziellen Situation der Familien und die staatliche finanzielle Unterstützung ermöglichen es Herrn Völter, seinen individuellen Bildungsweg in Deutschland zu gestalten.

Diese Tatsache betont er dreifach als *„Glück"*. Er kann hier *„normal Schule machen wie alle anderen auch"*, unterscheidet sich demnach nicht mehr von anderen Kindern. Sein Glück setzt sich im Studium fort. Hier wird er finanziell durch BAföG unterstützt. Bildungsfreiheit und das deutsche Unterstützungssystem sind für ihn kostbare Güter.

Übergänge im Bildungssystem als besonders schwierige Phasen

Trotz dieser guten Voraussetzungen ist seine Schul- und Studienzeit geprägt von Unsicherheiten. Diese Unsicherheiten verortet er zeitlich insbesondere an drei Übergängen:

1. Mit Beginn der Grundschule, nach der Ankunft in Deutschland. Die Unsicherheiten während dieses ersten Überganges kennzeichnen für ihn Sprachprobleme in der Grundschule. Die Ankunft in der deutschen Schule empfindet er als *„spürbar schweren Start"* (S. 2, 2).
2. Mit dem Wechsel auf das Gymnasium beginnt er sich zunehmend mit seinen Mitschülerinnen und Mitschülern zu vergleichen. Der Kontrast zu ihnen erscheint ihm mit diesem Wechsel eklatant. Er empfindet sie als *„gebildeter und reicher"* (2, 8) und sich im Vergleich als *minderwertig (S. 2, 10)*. Daran kann auch das ihm durch seine Familie *„geschenkte"* Selbstbewusstsein nichts ändern (S. 2, 12–13).
3. Nach der Aufnahme des Studiums an der Universität erlebt er Unsicherheitsgefühle *„noch stärker als zu Beginn des Gymnasiums"* (S. 2, 17–18). Die erlebten Unsicherheitsgefühle beziehen sich nicht auf die an ihn gerichteten fachlich-inhaltlichen Ansprüche:

> *„Und so (*) was das, die Fächer selbst betrifft habe ich mich so, hm, relativ sicher gefühlt irgendwie, traute ich mir das durchaus zu. Aber das Problem war, äh (*) die Unsicherheit darüber, weiß ich so viel wie die anderen, ist mein Bildungsstand so auf demselben Niveau wie bei den meisten Studenten hier – sehr starke Unsicherheit*

> *darüber, einfach weil ich in meiner kleinen Mennonitenwelt einfach wenig gelesen hatte, zu wenig Anregung gekriegt hatte mehr zu lesen, kein Fernsehen, keine Tageszeitung zu Hause. Später fing ich dann selbst damit an, wegen des Abi-, äh während des Abiturs. Aber irgendwie viel zu wenig, keine, es war keine echte Anregung dazu da. Niemand der mir gesagt hat ‚Lukas, wenn du das machst, das ist gut für Dich' jeden Tag einfach Zeitung durchblättern oder so. Da fehlte mir so viel, also erstmal für den Small-Talk, was so gerade so im Fernsehen ist, oder was die Leute so alle gesehen hatten, nur ich nicht, ne? Und dann (*) ja, ich hatte viele Sachen nicht gelesen was andere gelesen hatten"* (S. 2, 26–44).

Die Vergleichsprozesse, die Herr Völter sowohl auf dem Gymnasium als auch in seinem Studium zwischen sich und seinen Mitstudierenden vollzieht, beziehen sich auf die gefühlte Diskrepanz des jeweils mitgebrachten Bildungsniveaus. Diese Diskrepanz erfährt er vor allem im informellen Austausch mit anderen Kindern und später mit Kommilitonen, für den ihm inhaltliche Grundlagen fehlen. Er nimmt hier in Deutschland sozialisierte Schülerinnen und Schüler, die Zeitung lesen und fernsehen, generell als mit höherem Bildungsniveau ausgestattet wahr und seinen eigenen Ausgangspunkt aufgrund seines Herkunftsmilieus als benachteiligt. Die Ursache für seine Unsicherheitsgefühle sieht er rückblickend in den begrenzten Zugangsmöglichkeiten zu Informationsmedien, wie Fernsehen, Zeitungen oder Büchern, die ihm zu Hause verwehrt bleiben. Die *„kleine Mennonitenwelt"* wird für ihn zu einem Mikrokosmos, der ihn vom Leben der Außenwelt abkapselt. Durch das deutsche Schulsystem und die soziokulturellen Gewohnheiten seiner Mitschülerinnen und Mitschüler, die ihm darin begegnen, wird er gezwungen, diese Grenzen seines Herkunftsmilieus zu überwinden.

Durch die verschiedenen Herangehensweisen an Bildung – die der westlichen Gesellschaft und die der russlandmennonitischen seiner Familie – fehlen Herrn Völter Fürsprecher und Förderer im engeren Familienkreis, die ihm den Zugang zu den Informationsquellen ermöglichen, z. B. durch den Kauf einer Tageszeitung. Er ist in diesem Zwiespalt auf sich allein gestellt und trifft zum Zeitpunkt des Abiturs für sich die Entscheidung, sich selbst Zugang zu diesen Medien zu verschaffen, um seine Teilhabechancen am sozialen und inhaltlichen Austausch in Schule und Hochschule zu erhöhen.

Bildungsimpulse durch die Familie

Nach gezielter Unterstützung in dieser unsicheren Phase hat Herr Völter außerhalb seiner Familie nicht *„bewusst gesucht"* (S. 2, 49). Wohl hätte er Angebote in Anspruch genommen, wenn ihn jemand auf diese aufmerksam gemacht hätte. Als unterstützendes Angebot stellt er sich einen *„Kreis"* (S. 3, 2) vor, in dem er seine Unsicherheit hätte thematisieren können. Solche Gesprächsmöglichkeiten findet er wie selbstverständlich („*automatisch*“; 3, 4) in seinem Freundeskreis, in dem es „*ähnliche Biografieverläufe*“ gibt. Hier tut es ihm gut (S. 3, 8), mit seinen Gefühlen nicht allein zu sein. Das Teilen von Gedanken in Gesprächen hat somit etwas emotional Entlastendes und Wohltuendes. Gespräche helfen ihm hier situativ.

Besonders wichtig für seinen Bildungsweg sind familiäre Impulse. Vor allem sein Vater spielt dabei eine zentrale Rolle: Obwohl im russlandmennonitischen Milieu seiner Familie höhere Bildung „*nicht so üblich war*“ (S. 3, 19), wird er zunächst von seinem Vater angehalten, „*einfach zu lernen*“ (S. 3, 16). Die Legitimation des Vaters für das Bildungsbestreben seines Sohnes lässt für ihn eine Atmosphäre der „*generellen Entspanntheit*“ (S. 3, 17) entstehen: „*dann heißt's schon es ist richtig, was ich mache*“ *(S. 3, 18)*.

Beim Lernen der deutschen Sprache direkt nach der Ankunft in Deutschland wird Herr Völter auch von seiner Schwester unterstützt. Sie liest ihm amerikanische Comics vor:

> *„(...) und das hat so sprachlich sehr viel gebracht, und auch so, hat mich dazu bewegt so ein bisschen in fremde Welten reinzuschnuppern. Irgendwie, diese komischen amerikanischen Mickey-Maus-Welten, die sind ja ganz anders als die deutschen erst mal, aber sowieso ganz viel anders als meine Mennoniten-Welt so, ne?“ (S. 3, 28–33).*

Hier nimmt er eine Differenzierung zwischen drei Welten vor: der amerikanischen Mickey-Maus-Welt, der deutschen Welt und seiner Mennoniten-Welt. Er beschreibt eine Abstufung der amerikanischen und der deutschen Welten in Bezug auf ihre damalige Fremdheit für ihn. Die amerikanische Kultur ist die von ihm entfernteste und fremdeste, danach folgt die deutsche. Der Begriff „Welt“ wird sowohl als „größerer Kreis von Menschen, die durch bestimmte Gemeinsamkeiten verbunden sind“ (Duden, Bedeutungswörterbuch 2002, S. 1040) bezeichnet, als auch auf eine „besondere gesellschaftliche Schicht“ (ebd.) bezogen. Die Welt fasst also Menschen mit Gemeinsamkeiten zusammen, grenzt sie jedoch auch gegen andere Menschengruppen und Gesellschaftsschichten ab. Sichtbar wird hier die Erfahrung von Inklusion und Exklusion durch kulturelle Gewohnheiten. Die Tatsache, dass er sich mit mehreren, stark unterscheidenden Welten konfrontiert sieht, unterstreicht sein empfundenes Fremdheitsgefühl nochmals.

Das Lesen stellt immer wieder eine wichtige Quelle für Bildungsimpulse dar. Nach den Comics folgen Bücher, die Freunde ihm empfehlen (S. 3, 37). Impulse erhält er außerdem von Besuchern seiner Familie. Diese „*fremden Menschen*“ (S. 3, 44) geben ihm Anregungen durch Gespräche. Die Fremdheit dieser Besucher hat für ihn jedoch nichts Verunsicherndes oder Feindliches, sondern wird von ihm positiv konnotiert. Die wahrgenommene Andersheit der Menschen, die ihm begegnen, regt ihn zur Reflexion seiner eigenen Lebenssituation an. Sie macht ihm deutlich, wie groß der Abstand zwischen den Lebenswelten seiner Besucher und der seinigen ist. Die Offenheit für diese Besucher spiegelt zusätzlich die soziale Offenheit seiner Familie wider, welche trotz des engen Glaubenshintergrundes diese „fremden Menschen" empfängt und akzeptiert, dass sie Fremdheit in die Familie bringen.

Bildungsimpulse im schulischen Kontext

Zum Ende der Grundschulzeit gibt schließlich seine damalige Klassenlehrerin den für ihn entscheidenden Impuls, der seinen weiteren Bildungsweg nachhaltig prägt.

> *„Aber so am Ende der Grundschule, dann war das wahrscheinlich meiner Klassenlehrerin zu verdanken, dass ich auf's Gymnasium gekommen bin. Ich glaube meinen Eltern war das irgendwie egal so, die taten das, was alle Russlanddeutschen oder russlandmennonitischen Eltern taten, die wollten dass die Kinder in der Schule sind – fertig. Der Rest war irgendwie [lacht] – also klar, möglichst gut, generell, aber man hatte zu wenig Verständnis vom Schulsystem und Respekt vor den Lehrern, und äh meine Lehrerin, Frau S. sagte ‚dieser Junge sollte auf's Gymnasium!', und dann haben die das eben gemacht. Und so war der Lehrerimpuls wichtig, oder der Lehrervorschlag" (S. 4, 19–32).*

Die Initiative der Klassenlehrerin ist für Herrn Völter deswegen entscheidend, weil seine Eltern zwischen den Schulformen nicht differenzieren können. Sie orientieren sich an der Handlungsweise anderer russlandmennonitischer Eltern, *„die wollten, dass die Kinder in der Schule sind – fertig"*. Dass es verschiedene Wege durch das deutsche Schulsystem und verschiedene Schulformen gibt, ist ihnen nicht bewusst, da es im sowjetischen Schulsystem keine Dreigliedrigkeit gab. Aufgrund ihrer Unkenntnis sind diese Eltern auf die Weisung der deutschen Lehrerin angewiesen. Seine Eltern folgen ihrem Vorschlag auch deshalb, weil Lehrern generell *„Respekt"* entgegen gebracht wird.

Mit dem Wechsel auf das Gymnasium unterscheidet sich Herr Völter plötzlich von anderen russlandmennonitischen Kindern:

> *„Ja, von außen eigentlich wenig, eher die Einladung dazu das zu machen, was alle anderen machen, die spürt man ja, also diese peer-pressure Sache, ne? Also alle Freunde sind auf die Hauptschule gegangen, also, ich hatte nicht unbedingt Lust, aber so ein bisschen komisch war das dann nicht dabei zu sein, so ne? Aber es hat mich auch nicht gestört, ich fühlte mich dann auch da wohl, also (*) ich bin generell so ein Mensch der nicht unbedingt das machen muss, was die Massen macht" (S. 4, 43–5,2).*

Ohne den Hinweis seiner Lehrerin – so vermutet er – hätten seine Eltern für ihn den Weg gewählt, den viele russlandmennonitische Kinder damals gingen. Seine Freunde gehen auf die Hauptschule. Er spricht hier von einer „*peer-pressure Sache*" innerhalb seiner Glaubensgemeinschaft, ein Druck mit der Masse zu gehen, der für ihn und seine Eltern spürbar war. Aus diesem Grund ist es für ihn „*komisch*" sich nicht dem Druck zu beugen und einen anderen Weg zu wählen, zumal er sich so von seinen Freunden entfernt. Ihn selbst hat es damals jedoch „*nicht gestört*" auf eine andere Schule zu gehen, weil er „*nicht unbedingt Lust*" hatte, auf die Hauptschule zu gehen. Er fühlt sich nicht angewiesen auf das, was die Masse macht und wählt seinen eigenen Weg.

Bildungsberatungsbedarf im „Dschungel" des deutschen Bildungssystems

Trotz der Impulse und der Hilfen im familialen und schulischen Kontext, die der Befragte auf seinem Bildungsweg bekommen hat, macht er Situationen sichtbar, in denen er sich darüber hinaus professionelle Unterstützung gewünscht hätte:

> *„Also so Grundschule, Schule, Abi, da habe ich das nicht so stark gespürt. Was mir da sehr gefehlt hat war das, was eben alle hatten, so Fernsehen, Zeitung und so, dass habe ich immer mehr vermisst, oder dachte irgendwie, Mist, schade, ich habe das nicht', mir fehlt irgendwie viel davon was wir hier alle, was alle irgendwie automatisch so mitbringen nur ich bring das nicht mit, ne? So, bin da irgendwie ein Fremder, oder mit einem anderen, jemand mit einer anderen Sozialisation, also kann mich nicht so einfach in (*) Da hätte mir (*) Ich hab das nicht bewusst vermisst damals, im Nach-, in der Reflexion spüre ich das immer mehr. Aber wären da Angebote gewesen, schon während des Abiturs irgendwie, thematisieren oder eventuell Lückenaufbau, ein bisschen nachholen, jemand der meinen Eltern sagt ‚Guck mal, es ist besser wenn der irgendwie eine Tageszeitung hat', ne? Weil ich von alleine irgendwie, ist der Wunsch nicht so stark. Ich spür' dass mir das fehlt, aber es ist nicht genug irgendwie so Initiative oder Verständnis dafür da, dass es wirklich sein sollte oder so, ne? Und jemand, der älter ist, der mehr versteht, der äh motiviert, das wäre sinnvoll gewesen schon während des Abiturs. Und später während des Studiums auch, das wäre gut gewesen wenn da, aber gab es, also ich erinnere mich nicht an irgendwelche Angebote die es gegeben hätte oder (*)" (S. 5, 8–32).*

Als ersten Ansatzpunkt für unterstützende Bildungsberatung formuliert Herr Völter wiederholt den fehlenden Zugang zu Informationsmedien, aufgrund dessen er eine Wissenslücke im Vergleich zu seinen Mitschülerinnen und Mitschülern vermutet, die das „*alle irgendwie automatisch so mitbringen*". Wie bereits seine Aussagen zum Übergang in die Schule zeigten, nimmt er deutsche Schulkinder, die Zugang zu diesen Medien haben, als gebildeter wahr. Hier wird jedoch nun deutlich, dass er damit nicht meint, dass sie kognitiv leistungsstärker sind als er, sondern es geht darum, dass sie mehr Möglichkeiten haben, Wissen (aus Informationsmedien) zu generieren. Aus diesem Kommunikationsvakuum entsteht für ihn ein Fremdheitsgefühl, das durch kognitives Wissen allein nicht ausgeglichen werden kann.

Retrospektiv betrachtet hätte er sich hierbei schon während des Abiturs Unterstützung gewünscht. Er stellt sich einen älteren Menschen vor, der zum einen hilft die Wissenslücken zu füllen, aber zum anderen auch die Funktion eines Vermittlers zwischen den Welten (seiner und seiner Eltern) übernimmt und seinen Eltern die Wichtigkeit der Informationsmedien verdeutlicht. Ihm selbst ist es allein nicht möglich, seine gefühlten Defizite als einen konkreten Bedarf zu formulieren. Er nimmt zwar wahr, wie sich seine Situation verändern müsste, schafft dies jedoch nicht allein aus eigener Kraft.

Die Möglichkeit, dass es beraterische Unterstützung geben könnte, die eine solche Mentorenfunktion für ihn einnimmt, zieht er zum damaligen Zeitpunkt jedoch nicht in Betracht.

> *„Ich kam gar nicht auf die Idee, irgendwie eine Gruppe oder irgendein Angebot irgendwie zu suchen, weil ich auch nicht wusste, dass es so was gibt. Und /(I: Ja.) Und so schlägt man sich alleine durch den Dschungel durch, und zufällig dann die spontanen Gespräche mit Freunden und Bekannten, die das eine oder andere dann vielleicht ausgleichen oder aufgreifen, aber es gab kein systematisches oder bewusstes Aufarbeiten oder Ausgleichen“* (S. 5, 38–47).

Die Unkenntnis über mögliche Unterstützungsangebote führt dazu, dass er sich allein durch den schulischen *„Dschungel“* schlägt. Ein Dschungel ist ein „wirres Durcheinander, Undurchdringlichkeit, Undurchschaubarkeit“ (Duden, Bedeutungswörterbuch 2002, S. 275), geht einher mit regelloser und zufälliger Entwicklung, beeinflusst durch *„die spontanen Gespräche mit Freunden und Bekannten“*, die in dieser Situation punktuell hilfreich sind. Sie führen jedoch nicht dazu, dass er sich systematisch orientieren kann. Das heißt, es wird keine Reflexionsebene erreicht, die es ihm ermöglicht, sich seiner Orientierungsunsicherheiten im vollen Umfang so bewusst zu werden, dass eine systematische Bearbeitung zu ihrem Ausgleich gelingt.

Vor dem Hintergrund dieser eigenen Erfahrungen begrüßt der Befragte die Einrichtung von Bildungsberatung. Ihre Notwendigkeit sieht er vor dem Hintergrund seiner Bildungsbiografie vor allem im Abbau seiner Unsicherheiten in den Übergangsphasen seiner Schullaufbahn und seines Studiums. Die Hilfestellung sollte *„konkret“* auf individuelle Fragen und Bedarfe ausgerichtet und dementsprechend *„praktisch-pragmatisch“* sein:

„Also der größte Faktor wäre Unsicherheiten abzubauen durch so ein Angebot. Und dann natürlich die konkreten Hilfestellungen, die es da geben könnte, so rein praktisch-pragmatisch. Aber so im Groben und Ganzen, Unsicherheiten abzubauen. Das wäre für mich, aus meiner Sicht irgendwie das Wichtigste gewesen für mich" (S. 6, 8–14).

Gestaltung der Bildungsberatung, ihre Hindernisse und Chancen

Bildungsberatung soll bedürfnisorientiert sein und sich auf die jeweiligen Menschen konzentrieren, die sie in Anspruch nehmen. Diese Orientierung konkretisiert sich für den Befragten über einen Zugang zu ihrer Sprache und zu ihren Bedürfnissen.

„Ähm, also dass die nicht so am Menschen vorbei gehn. Ok, das ist vielleicht zu allgemein formuliert, also jemand, der (*) irgendwie einen Zugang zu dir, zu deiner Sprache, zu deinen Bedürfnissen hat. Ja. Also das ist zu allgemein, aber so in meinem Fall, wenn da jemand, wenn jetzt so ein normaler Deutscher in Anführungsstrichen säße, der irgendwie keine Ahnung hat, wie in Russland mennonitische Familien ticken, wirklich kein Verständnis dafür, mit dem hätte ich ein nettes Gespräch haben können, aber ich glaube der hätte mich nicht so richtig erreicht und meine Not nicht so richtig verstanden. Vielleicht 'ne falsche, 'ne Unterstellung, die unfair ist, aber [lacht] das Gefühl habe ich spontan.

I.: Ja. Und da würden Sie sich dann wünschen, dass derjenige, also aus einem ähnlichen Erfahrungsraum kommt, oder dass er zumindest die Offenheit besitzt, sich damit auseinander zu setzen, oder was … was wäre da so Ihr Wunsch?

H.V.: Also ich glaube das kann unterschiedlich aussehen. Jemand, der wirklich fit ist für diesen Job, der (*) kann das vielleicht auch ohne, äh, ohne dass er aus der Gruppe kommt machen, ohne dass er die Gruppe sehr kennt vielleicht sogar, weil er einfach entsprechend einfühlsam ist oder weiß, wie, welche Bedürfnisse da gerade sind aus irgendeinem Grund. Er hat sich dann wahrscheinlich mit dieser Thematik auseinandergesetzt und weiß es. Spontan würde ich auch sagen, es tut natürlich gut wenn jemand dann diese Gruppe mindestens kennt und weiß, wie die Leute ticken. Wenn es jemand auch aus der entsprechenden Gruppe auch ist, ist dann wahrscheinlich einfach vielleicht angenehm, aber nicht unbedingt notwendig, denke ich." (S. 6, 22–7, 2).

Auf sein eigenes Herkunftsmilieu bezogen gedacht, bedeutet eine subjektorientierte Bildungsberatung einen Zugang zu russischmennonitischen Familien, die anders *„ticken"* und deren Beratung ein besonderes *„Verständnis"* ihrer Lebenswelt voraussetzt. Deutsche ohne dieses Verständnis („*normale Deutsche*“) könnten aus diesem Grund über ein an der Oberfläche bleibendes „*nettes Gespräch*“ hinaus seine „*Not nicht so richtig*“ verstehen. Im weiteren Verlauf seiner Ausführungen präzisiert er diese Sichtweise. Eine gleiche kulturelle Zugehörigkeit der Berater oder eine sehr genaue Kenntnis des sozial-kulturellen Lebenskontextes der zu Beratenden ist „*einfach vielleicht angenehm*“, aber „*nicht unbedingt notwendig*“, wenn der Berater professionell mit Empathie bedürfnisorientiert arbeitet („*wirklich fit für den Job*“). Angenehm ist als „positive Empfindungen auslösend“ und „wohltuend“ (Duden, Bedeutungswörterbuch 2002, S. 89) zu verstehen. Gespräche mit Beraterinnen und Beratern gleicher Herkunft werden in diesem Sinne eher mit Verständnis und Vertrautheit assoziiert.

Bildungsberatung stellt für den Befragten ein institutionelles Angebot dar, dessen Inanspruchnahme theoretisch jedem möglich ist. Allerdings nimmt er im praktischen Zugang zu diesen Institutionen für Migrantinnen und Migranten Hindernisse wahr:

> *„I.: Also ist dieses Gefühl von damals, was Sie beschrieben hatten, eher der Dschungel, das ist mittlerweile/*
>
> *H.V.: Ja, das ist weg. Aber ähm, der Dschungel war damals anders, also 'nen Dschungel gibt's immer, ne? Es gibt, mit jeder Antwort, die du kriegst, hast du zwei Fragen [lacht], aber äh, also das Problem, ich finde niemand, der mir hilft in Bezug auf meine Bildungsfragen, das ist (*) heute nicht unbedingt so. Also für mich jetzt nicht, aber wenn jemand so kommt, aus einer fremden Welt hier rein als Migrant und dann, so wie ich, neu ist, also der weiß das nicht. Und wenn jemand sagt ‚Ja, da gibt's 'ne Beratungsstelle', diese Information ist ungefähr Null. (I.: Ja.) Da gehe ich nicht hin. Also außer wie gesagt, es ist eine Beratungsstelle, geh mal hin. Aber keine Ahnung aus welchen Gründen, da geht man dann einfach nicht hin. [lacht]*
>
> *I.: [lacht] Haben Sie eine Vermutung, was die viel (unverständlich – sinnhaft: was der Grund) ist?*
>
> *H.V.: Es gibt die Erfahrung nicht, dass das hilft. Es … mir hat noch keiner erzählt, dass er da war und das war gut (*) Solche Dinge, die wären alle natürlich dann positiv, ne, wenn das schon genutzt wird und im Freundeskreis sagt man ‚Ja, geh mal hin, das hat mir geholfen' und so. (*) Man hat so viele Barrieren, so viele Lücken, so viel, ja, Mangel an Informationen hat. (…). Ja, und dann, wenn vielleicht da gewesen sind, dann waren die Erfahrungen vielleicht negativ, aber nicht weil die Beratung so schlecht war, sondern einfach die sprachlichen Defizite oder (*) oder kein Wissen über die entsprechenden Bedürfnisse von den Beratern kann auch sein“ (S. 7, 25–8, 6).*

Während er seine eigene Orientierungslosigkeit im deutschen Bildungssystem auflösen konnte und inzwischen auch Anlaufstellen für seine „*Bildungsfragen*" kennt, stellt sich s. E. die Situation für neu ins Land kommende Migrantinnen und Migranten, die nicht über sein Hintergrundwissen verfügen, nach wie vor anders dar: Sie kommen aus einer „*fremden Welt*", sind in den deutschen Strukturen „*neu*" und haben keine Kenntnis über Anlaufstellen für ihre Fragen. Trotzdem würde in dieser Situation die alleinige Information dieser Menschen darüber, dass es eine entsprechende Beratungsstelle gibt, keinerlei Relevanz haben („*diese Information ist ungefähr Null*"), solange es keine persönlichen Empfehlungen von ähnlich Betroffenen gibt („*geh mal hin*"), die die Erfahrung gemacht haben, „*dass das hilft*". Nur durch solche positiven Berichte und Empfehlungen aus dem näheren sozialen Umfeld entstehen Anreize, entsprechende Beratungsstellen aufzusuchen und die bestehenden „*Barrieren*" zu überwinden. Wenn dann eine in Anspruch genommene Beratung negativ bewertet wird, liegt dies – so Herr Völter – nicht zwangsläufig in einer mangelnden Qualität der Beratung selbst begründet, sondern in sprachlichen Verständigungsproblemen oder in einer fehlenden Bedürfnisorientierung der Beraterinnen und Berater. Hier unterstreicht er noch einmal seine Sicht auf Qualifikationsvoraussetzungen für professionelle Bildungsberatung.

Wie groß die Hürden sind, um eine institutionelle Beratungsstelle aufzusuchen, erläutert er exemplarisch an seinen eigenen Erfahrungen mit professioneller Eheberatung. Seine Eheprobleme bespricht er zunächst mit Freunden, um

> *„(...) das was auf dem Herzen liegt loszuwerden und 'ne Meinung ein(zu)holen. Aber irgendwie hatte ich auch irgendwann so, da waren so viele Sachen da, die ich nicht besprechen würde, einfach so eine große Not und ich wollte eine neutrale Instanz mal in Anspruch nehmen" (S. 8, 27–32).*

> *„Ich wollte gerne reden, und hatte entweder keinen Termin gekriegt oder so, es ist nicht zustande gekommen, da habe ich mich richtig schlecht gefühlt. Aber ich weiß nicht mehr woran das lag, entweder habe ich keinen Termin so schnell, das wäre dann noch verständlich gewesen, oder die war nicht zuständig die Person"/ (S. 8, 38–44).*

Anlass dafür, eine Beratungsstelle aufzusuchen, sind im Freundeskreis nicht zu besprechende persönliche Themen und eine daraus erwachsende „*große Not*", als die Probleme zu groß und dringend werden. Gesucht wird eine unparteiische Stelle, eine „*Instanz*", die nicht an ein bestimmtes Interesse gebunden ist. Die Verwendung des Wortes „Not" als Synonym für einen „Zustand der Entbehrung, des Mangels an lebenswichtigen Dingen" und für ein „Gefühl von Ausweglosigkeit, durch Verzweiflung, Angst gekennzeichneter seelischer Zustand" (Duden Bedeutungswörterbuch 2002, S. 658), macht den Handlungsdruck deutlich, unter dem der Befragte steht, als er sich für eine Eheberatung entscheidet. Die Beratungsstelle wird erst zur Hilfeoption, als der Rat von Freunden nicht mehr ausreicht. Umso frustrierter und enttäuschter ist er, als aufgrund organisatorischer und formal-bürokratischer Probleme in der Beratungsstelle kein Kontakt zustande kommt.

Nach einem zweiten Anlauf macht Herr Völter dann jedoch gute Erfahrungen und führt dies vor allem auf die Art und Weise der Gesprächsführung zurück. Er beschreibt die Gespräche als *„einfühlsam"* (S. 9, 3), *„angenehm"* (S. 9, 5) und *„offen"* (S. 9, 6). Er erfährt damit selbst eine – wenn auch thematisch anders gelagerte – Beratung mit einem professionell empathischen Gegenüber als positiv und überträgt diese Erfahrung auf die Anlage von Bildungsberatung. Das Kriterium der Offenheit spezifiziert er im weiteren Verlauf der Textsequenz folgendermaßen:

> *„(...) also er sagt mir nicht was ich tun soll, reflektiert mit mir gemeinsam in diesen Gesprächen. Das hat irgendwie gut getan, aber hat überhaupt keine Lösung gebracht, hat mehr Fragen aufgeworfen. Meine Sackgasse blieb eine Sackgasse. Obwohl der Berater, der Mensch war echt gut irgendwie"* (S. 9, 6–11).

In einer offenen Gesprächshaltung gibt der Berater keine Ratschläge, sondern reflektiert mit dem Ratsuchenden *„gemeinsam"*, das heißt Berater und zu Beratender kommunizieren auf einer symmetrischen Beziehungsebene. Diese Form des Gesprächs erlebt der Ratsuchende als guttuend, obwohl sie für ihn nicht zu einer Rettung seiner Ehe, sondern zu mehr Fragen führt. Differenziert wird hier zwischen einer lösungsorientierten Sicht auf die Beratungserfahrung und einer Perspektive, die den Prozess der Problemreflexion abbildet. Letzterer hat *„gut getan"*, auch wenn die erwünschte Lösung nicht erzielt werden konnte.

Bildungsbegleitung der eigenen Kinder

Herr Völter, der im Rückblick mit der Verwirklichung seiner Bildungs- und Berufsziele zufrieden ist, hat nach seiner Wahrnehmung auf seinem Bildungsweg von der Grundschule bis zur Universität *„ein bisschen Glück gehabt"* (S. 9, 30). Seine Kinder, die momentan kurz vor dem Abitur stehen, unterstützt er bei einem von eigenen Interessen geleiteten Lebensentwurf. Er begleitet sie mehr als er es selbst erlebt hat und orientiert sich dabei an seinen eigenen Erfahrungen:

> *„Also eine Sache ist natürlich in den Gesprächen schon so, während die Kinder sind und Schüler sind, so einfach um Interessen zu wecken und bei ihren Schwierigkeiten zu begleiten, wenn irgendwas nicht klappt, entweder selber helfen oder Nach-*

hilfe organisieren, aber das wichtigere noch: Interessen zu wecken, denke ich mal so. Dass in den Gesprächen Lust auf etwas entsteht, entweder auf eine bestimmte Sache, die sie verfolgen, oder darauf selbst weiter zu suchen und so, aha, das könnte auch interessant sein, das … und mit Menschen in Verbindung bringen. Also ich würde mich freuen, wenn sie auch ein Austauschjahr machen würden, einfach um den Horizont zu erweitern oder möglichst viel mit andern Menschen in Kontakt kommen, die anderes machen als ich selbst oder sie kennen bisher. Solche Anreize würde ich ihnen gerne schaffen" (S. 10, 19–34).

Zum einen möchte er bei seinen Kindern „*Interesse wecken*", zum anderen bei „*Schwierigkeiten*" zur Seite stehen. Hier spiegeln sich seine eigenen Bildungserfahrungen wider. Auch bei ihm wurde sein Interesse an Bildung durch den Vater sowie in Gesprächen mit Freunden und Bekannten geweckt und unterstützt. Er wünscht seinen Kindern nun im Rahmen einer globalisierten Welt Lust auf eigene Projekte im Kontakt mit Menschen, auch über die Landesgrenzen hinaus. Damit konstruiert er für sie eine – auf Dauer gestellte – Konfrontation mit Fremdheit, durch die ein Referenzrahmen für die Reflexion und Entwicklung eigener Bildungs- und Lebensformen geschaffen wird. Der Kontakt mit Menschen, die „*anderes machen*", anders denken und leben, ermöglicht Vergleichswerte und Orientierungspunkte für eigene Interessen. Damit leitet er einen im Vergleich zu seinen bildungsbiografischen Erfahrungen ungleich bewusster gesteuerten Prozess ein, in dem er seinen Kindern ermöglichen möchte, in Freiheit ohne Minderwertigkeitsgefühle ihren individuellen Bildungsweg zu entwickeln. Auf diese Weise übernimmt er grundsätzlich die Haltung seines Vaters, welcher Bildung auch in den 1970er Jahren eine zentrale Rolle für ein gutes Leben gab. Allerdings versucht er dabei nun selbst eine aktivere Unterstützung im Bildungsprozess seiner Kinder zu übernehmen, um damit Unsicherheiten zu vermeiden, die ihn in seiner Bildungsbiografie immer wieder einschränkten, ein Anspruch, den er ebenso an professionelle Bildungsberatung richtet. Durch die Ermunterung zu einer bewussten und zunächst zeitlich begrenzten Konfrontation mit Menschen in anderen Lebenswelten (Austauschjahr) eröffnet er seinen Kindern die Möglichkeit, sich in einem abgesicherten Rahmen mit anderen Welten vertraut zu machen.

2.1.1 Fazit: Ein Plädoyer für Bildungsberatung als begleitende Unterstützung zur Reflexion und Orientierung

Die Orientierung im Schul- und Hochschulsystem mit immer wieder neu zu bewältigenden Hürden erweist sich in dieser Fallrekonstruktion als entscheidender Ansatzpunkt für Bildungsberatung. Das Bildungssystem wird aufgrund seiner kostenfreien Zugangsstrukturen zwar einerseits als Glücksfall erlebt. Andererseits wird es aber auch als ein undurchdringlicher Dschungel erfahren, in dem Hilfe gebende Orientierungspunkte notwendig sind.

In der Aussiedlerfamilie sind Strukturen und Anforderungen des deutschen Bildungssystems unbekannt. Die Orientierung in schulischen Fragen erfolgt entlang der Tradition des russischen Schulsystems, in dem unterschiedliche Schulformen erst nach der neunten Klasse relevant werden. So werden schulische Potentiale des Sohnes nach der Grundschule von Seiten der Eltern nicht gezielt gefördert, obwohl in der Familie ein Bildungswunsch für ihre Kinder durchaus vorhanden ist und Bildung als Schlüssel zu einem besseren Leben gilt. Das fehlende Wissen über die leistungsbezogene Mehrgliedrigkeit des deutschen Schulsystems und seine Bedeutung für den Zugang zu weiterführenden Bildungswegen führt dazu, dass ein Hauptschulweg vorgezeichnet wird. Allein die Gymnasialempfehlung der als Autorität respektierten Grundschullehrerin verhindert dies und wird damit zur entscheidenden Weichenstellung für einen weiterführenden Bildungsweg.

Der gymnasiale Weg erweist sich von seiner kognitiven Seite her als problemlos, führt aber auf sozialer und emotionaler Ebene zu Verunsicherungen und Orientierungsproblemen zwischen der ethnisch-religiösen Tradition der Herkunftsfamilie und der westlich-säkularen Alltagskultur der Schule. Im alltäglichen informellen Kontakt mit Mitschülerinnen und Mitschülern begrenzt vor allem ein fehlender Zugang zu Informationsmedien wie Tageszeitung oder Fernsehen und zum Lesen von Büchern die Möglichkeiten sozialer Teilhabe. Bereits mit der Einschulung in die Grundschule beginnt ein Minderwertigkeitserleben im Kontakt mit anderen Kindern, das sich im weiteren Verlauf bis zum Beginn des Studiums noch steigert. Dieses Erleben ist nicht allein auf eine kognitive Ebene des inhaltlichen Wissens begrenzt, sondern grundsätzlicher zu beschreiben als fehlende Einschätzungsfähigkeit der eigenen Fähigkeiten im Vergleich mit anderen. Daraus entstehen Unsicherheits- und Minderwertigkeitsgefühle im sozialen Kontakt mit Gleichaltrigen, deren systematische Reflektion als schwierig erlebt wird.

Zu ihrer Bewältigung werden außerfamiliale unterstützende Impulse als notwendig erachtet, da sich der Mikrokosmos des russlandmennonitischen Familien- und Freundeskreises an dieser Stelle als überfordert erweist. Ein konkreter Bedarf an Bildungsberatung als Hilfe bei diesen Problemen wird rückblickend schon innerhalb der Schulzeit verortet und auf die gesamte Familie bezogen, also auch auf die Eltern, um ihnen die strukturellen Bedingungen und Anforderungen des deutschen Gymnasiums näherzubringen.

Hier liegt ein Ansatzpunkt für Bildungsberatung in der Funktion, Brücke zwischen den Lebenswelten zu sein und für jeweils spezifische Unsicherheitserfahrungen in der Schule Umgangsweisen zu finden. Beratende in Bildungsfragen werden imaginiert als Mentorinnen und Mentoren im ursprünglichen Wortsinn, die als weise Ältere aus einer verstehenden Außenperspektive heraus motivierend unterstützen. Bildungsberatung hat hier neben der informierenden vor allem eine reflektierende und orientierende Funktion in Bezug auf Werte und Normen in unterschiedlichen soziokulturellen Lebenskontexten. Sie soll in erster Linie Möglichkeitsräume schaffen, diesbezügliche individuelle Unsicherheiten abzubauen.

Dazu bedarf es spezifischer Voraussetzungen in Bezug auf die strukturelle Gestaltung eines solchen Beratungsangebotes. Besonders betont wird im vorliegenden Fall die Notwendigkeit, Bildungsberatung so zu gestalten, dass sie

- lebensweltnah,
- bedürfnisorientiert,
- ohne Sprachbarrieren und
- empathisch ist.

Ein Vertrauen zu professioneller Beratung und in die Nützlichkeit eines solchen Angebotes für eine Auseinandersetzung mit persönlichen Orientierungsproblemen wird davon abhängig gemacht, ob diese Voraussetzungen erfüllt sind. Im Mittelpunkt steht dabei das Kriterium der Empathie. Sie kann im Beratungsgespräch auf der Basis einer professionellen bedürfnisorientierten Haltung der Beraterin bzw. des Beraters entwickelt werden, die durch einen ähnlichen soziokulturellen Erfahrungshintergrund zwischen Beratung Anbietenden und Beratung Suchenden unterstützt werden kann, aber nicht muss. Lebensweltbezogenen Kompetenzen in der Bildungsberatung wird im vorliegenden Fall mehr Gewicht gegeben als fachlich-inhaltlichen Beratungskompetenzen, die kaum Erwähnung finden. Als entscheidend gilt, dass eine Kommunikationsform angeboten wird, die an einer gemeinsamen Verständigung über ein vorliegendes Problem orientiert ist.

Die Fallrekonstruktion zeigt, dass das Hervorheben dieses Bedürfnisses nach einem verständigungsorientierten und empathischen Kommunikationsraum in einer professionellen Bildungsberatung eng zusammen hängt mit der als Not beschriebenen Erfahrung, bestimmte Fragen und Probleme nicht allein bewältigen zu können. Es wird zunächst versucht, diese Notsituation in der eigenen, unmittelbar vertrauten sozialen Lebenswelt aufzulösen. Anlaufstellen für Rat und Austausch sind Freunde, Verwandte oder Nachbarn. Erst wenn dies nicht mehr ausreicht und die Not zu groß wird, gerät eine institutionalisierte professionelle Beratung überhaupt erst ins Blickfeld. Sie wird in gleicher Weise wie die Hilfe im persönlichen sozialen Nahraum in erster Linie daran bemessen, ob sie Vertrauen ermöglicht.

Diese Voraussetzung stellt das Nadelöhr für Bildungsberatung dar und entscheidet darüber, ob sie in spezifischen gesellschaftlichen Gruppen, wie sie hier die russlandmennonitische darstellt, aktiv aufgesucht wird oder nicht. Da die eigene soziale Gruppe den zentralen Orientierungsrahmen darstellt, sind die innerhalb dieser Gruppe vorherrschenden Erfahrungen und Einschätzungen eines vorhandenen Beratungsangebotes von zentraler Bedeutung. Erfahrungswerte mit solchen Angeboten werden hier weitergegeben und erweisen sich als meinungsbildend. Das heißt: Institutionalisierte Bildungsberatung wird im Kontext der eigenen Bezugsgruppe erst dann aufgesucht, wenn Angehörige dieser Gruppe davon positiv berichten können.

Darüber hinaus bedarf es Kenntnisse darüber, welche Beratungsstellen für welche Fragen zuständig sind und welche Schritte für die Herstellung eines Beratungskontaktes notwendig sind (Wahl der Institution, telefonische Kontaktaufnahme, Terminvereinbarung, Wartezeiten einkalkulieren). Formalbürokratische Verfahrensweisen können dabei zum Problem werden, z. B. wenn der Prozess der Kontaktaufnahme viel Zeit in Anspruch nimmt. Motivation und Energie, die den Entschluss ermöglichten, professionelle Beratung aufzusuchen, werden dabei auf eine harte Probe gestellt.

Die Ergebnisse der Fallstudie machen deutlich, dass von einem Bedarf nach bildungsbezogener Beratung auszugehen ist, der jedoch gleichzeitig auf Hindernisse trifft, so dass diejenigen schwer erreicht werden, für die sie hilfreich sein soll. Im folgenden Abschnitt werden gezielt Ergebnisse aus weiteren Fallrekonstruktionen hinzugezogen, die die Erkenntnisse über diese Hindernisse für eine Inanspruchnahme von Bildungsberatung weiter vertiefen und differenzieren (Siller 2014).

2.2 Hindernisse für eine Inanspruchnahme von Bildungsberatung

Ein Bedarf an Unterstützung in Bildungsfragen als Orientierungshilfe wird – wie im Fall Völter exemplarisch verdeutlicht – durchgängig erst dann beratungsrelevant, wenn durch persönliche soziale Netzwerke keine oder keine ausreichende Hilfe erfahren wird. Nach wie vor wird Beratung zunächst und vorrangig im informellen Rahmen des eigenen sozialen Lebenskontextes gesucht (Barz und Tippelt 2004, S. 52). In einem inzwischen vielfältig ausdifferenzierten deutschen Bildungs- und Ausbildungssystem erweisen sich informelle Hilfeleistungen im Bekannten- und Familienkreis jedoch als begrenzt. Professionelle Beratung wird an dieser Stelle notwendiger.

Grundsätzlich sehen es die Befragten – ganz im Sinne europäischer Bildungspolitik – in erster Linie als eine Frage ihres eigenen Wollens und Könnens, Bildungs- und Weiterbildungsziele selbst zu setzen und auch zu erreichen. Exemplarisch steht dafür das Motto einer heute 41jährigen Aussiedlerin aus Russland, die mit 19 Jahren nach Deutschland kam: „*Hier kann jeder etwas werden, der sich anstrengt*" (Siller 2014, S. 144). Allerdings erweist sich dieses Motto als trügerisch für sie, die als Erwachsene ins deutsche Weiterbildungssystem kommt. Insbesondere der Anspruch an ein selbst verantwortliches und selbst gesteuertes Lernen stellt sich als Hürde dar vor dem Hintergrund einer Bildungssozialisation im Herkunftsland nach traditionellen Lehr-Lern-Praktiken. Sie ist zum einen darauf angewiesen, dass diese individuellen Lernvoraussetzungen von Lehrenden wahrgenommen werden. Flexibel an individuelle Voraussetzungen anzuschließende Strukturen im deutschen Bildungs- und Weiterbildungssystem erweisen sich in diesem Fall als eine zentrale Voraussetzung für gelingende Bildungsprozesse[10]:

> *„Der Lehrer sagte: ‚Jeder lernt für sich.' Klar, das stimmt auch. Aber ich meine, der Stoff muss anders beigebracht werden. Derjenige, der das versteht, der das für sich lernt, ist okay. Doch das versteht nicht jeder. Das ist das Problem" (Fall Wauler).*

Es entsteht ein Beratungsbedarf, der sich in grundsätzlicher Weise sowohl auf die konkreten Anforderungen an ein selbst verantwortliches Lernen richtet als auch darauf, wie daraus Perspektiven zu entwickeln sind. Bildungsberatung soll somit eine grundlegende Orientierungshilfe dafür sein, Bildungs- und Weiterbildungsentscheidungen „eigensinnig" zu treffen:

> *„(...) wo die Bildung dich hinbringt, was du damit erreichen kannst. Aber auch einem die Entscheidung lassen. Ob man in die Schiene rein will oder ob man sagt, das brauche ich nicht, das ist nicht mein Bereich. Also selber mich entscheiden lassen. Doch der Weg muss mir klar definiert werden. Was man erreicht, was man nach einem Kurs machen kann. Wenn ich mit der Schule fertig bin und dann nach einem Jahr weiß, welche neuen Chancen ich bekomme" (ebd.).*

Zum Teil wird Bildungsberatung in einer Beratungsstelle aufgesucht, zum Teil innerhalb einer bestehenden Lehr-Lernbeziehung in Schule oder Ausbildung. In jedem Fall wird Wert gelegt auf eine professionelle Haltung der Beratenden in einem geschützten Raum. Wichtig ist dabei zum einen das Neutralität sichernde Setting, das selbstbestimmt aufgesucht und wieder verlassen werden kann. Zum anderen geht es um die Bedeutung von Vertrauen.

10 Alle folgenden Interview-Zitate sind Ausschnitte aus den Fallrekonstruktionen im Rahmen der Studie „Bildungsberatung und Migration" (Siller 2014, S. 145-154).

„Wenn ich mich dann jetzt da so beraten, dann vertraue ich ja auch dieser Person, und wenn ich nicht ganz/also wie ist meine eigene Einschätzung, und wie ist die Einschätzung der beratenden Person? (*) (...). Also ich hätte da wenig Vertrauen erst mal. Ich würde schon, vielleicht würde ich so eine Beratung in Anspruch nehmen, um mich weiter zu orientieren, um alles abzuwägen, um zu gucken, wie stehe ich, was sagen meine Freunde, und was sagt die Person?" (Fall Dijan).

Bildungsberatung wird für die Entwicklung individueller Bildungswege als sehr richtungsweisend erfahren, wenn den Einschätzungen der einzelnen Beraterinnen und Berater, seien es Lehr- und Ausbildungskräfte oder professionelle Fachkräfte in Beratungsstellen vertraut werden kann:

„Besonders wichtig ist, dass man also die Pädagogen, oder die Personen, die man in Institutionen trifft, dass die einem, sag ich mal, empfehlen, bzw. Viele Menschen sprechen ja zu einem, die Frage ist nur, der eine sagt es, und da ist man empfänglich für seine Worte, und das sitzt auch, das kommt an. Das ist glaubhaft. Und andere sagen etwas, und das glaubt man nicht. Also wenn ich jetzt einem Jugendlichen sage, ‚mach weiter, du bist gut, du könntest es schaffen!', dann ist die Frage: Glaubt der das so, wie ich das sage, ist das glaubhaft? Und für mich kann ich sagen, dass ich also gewisse, ich habe immer diese Menschen gehabt (...). Also wenn ich so zurückblicke, waren das diese Personen, die für mich maßgebend waren, dass ich sage: ‚‚Ja, ich mache das jetzt. Wenn die das sagen, dann ist es auch ehrlich, und dann mache ich es auch'" (Fall Nowes).

Deutlich wird hier die Relevanz einzelner Lehr- und Ausbildungskräfte in Institutionen der Bildung und Ausbildung für die Entwicklung individueller Bildungswege. Erfahrungen mit Bildungsberatung auf der Grundlage einer bereits bestehenden Lehr-Lern-Beziehung rücken Aspekte des Vertrauens und der Glaubwürdigkeit in der Bildungsberatung in den Mittelpunkt. Die eigene zukünftige Entwicklung kann nicht sicher vorhergesagt werden. Sie liegt nicht im Bereich des exakten Wissens, sondern ein persönlicher Bildungsweg kann nur im Prozess entwickelt werden. Eigenen Potentialen angemessene Bildungs- und Berufsziele zu stecken, ist deshalb abhängig von realistischer Einschätzung und entsprechend glaubhaftem Zuspruch im Rahmen einer Beratung von *„Personen"*, die *„maßgebend"* sind, denen also mit anderen Worten zugetraut wird, eine Richtschnur für das eigene Handeln darstellen zu können, ohne es genau zu wissen.

In den Bildungsbiografien der Befragten zeigt sich insgesamt ein sehr heterogenes Bild, was die Kenntnis, die Erwartungen und die Inanspruchnahme von Bildungsberatung angeht. Sie erreicht in erster Linie diejenigen, die aktiv und gezielt auf der Suche sind nach beratender Unterstützung bei der Erarbeitung individueller Bildungs- und Weiterbildungsziele. Eine tragende Rolle spielt sie in denjenigen Fällen, in denen im Rahmen einer Erwerbslosigkeit durch Weiterbildung neue Anknüpfungsmöglichkeiten an den Arbeitsmarkt gesucht werden. Gerade in diesem Zusammenhang zeigen sich jedoch auch sensible Punkte in Bezug auf die Praxis ihrer Ausführung. Vor allem wenn es um Bedürfnisse nach einer kontinuierlichen, auf die persönliche Situation bezogenen Beratungskommunikation geht, werden Probleme sichtbar. An dieser Stelle bestätigt die eigene Studie die Ergebnisse des Adult Education Surveys zur Zufriedenheit mit der erfahrenen Weiterbildungsberatung (Kuwan und Seidel 2013, S. 247): Problematisch erscheinen Beratungserfahrungen vor allem in Phasen der Erwerbslosigkeit und im Bereich der Arbeitsagenturen, wenn eine über die formal ausgerichtete, v.a. finanzielle Fragen betreffende Unterstützung hinausgehende Beratungsbegleitung gesucht wird. Mit letzterer ist – wie es im Fall Völter exemplarisch konkretisiert wurde – der Wunsch nach einer prozesshaft unterstützenden Hilfe verbunden, die motiviert und dabei begleitet, über individuell sinnvolle (Aus-)Bildungs- und Weiterbildungswege zu entscheiden, sie zu bewältigen und damit eine angestrebte Erwerbstätigkeit zu ermöglichen.

Zwei erwerbslose Interviewpartnerinnen nehmen einen auf Weiterbildung bezogenen Beratungsprozess in Anspruch, der durch die Agentur für Arbeit mit dem Ziel der Reintegration in den Arbeitsmarkt durchgeführt wird. Sie erleben diese Beratung als existentiell notwendige Unterstützung, vermissen jedoch eine personale Kontinuität in der Beratung. Der eigene Klärungs- und Entscheidungsprozess wird durch mehrfachen Beraterwechsel behindert, der dazu zwingt, *„immer wieder (zu) erklären, was man will und sucht“* (Siller 2014, S. 145).

Insbesondere dann, wenn es bei einer beruflichen Orientierungssuche keine Hilfe im Kontext der eigenen sozialen Lebenswelt gibt, wird die kontinuierliche Begleitung einer professionellen Beratung zu einem Sicherheitsanker. Deutlich wird dies im Fall „Tim“, in dem eine weiterbildungsbezogene Unterstützung von institutioneller Seite in komplexer Weise zum Tragen kommt. Zum Zeitpunkt des Interviews sucht die 34-jährige alleinerziehende Mutter von drei Kindern mit italienischem Migrationshintergrund nach längerer Erwerbslosigkeit als Friseurin eine neue berufliche Orientierung. Konkrete Hilfe leistet zum einen die finanzielle Absicherung und Beratung über mögliche Weiterbildungsmaßnahmen durch die Agentur für Arbeit, zum anderen eine professionelle Migrationsberaterin eines großen Wohlfahrtsverbandes, die ebenfalls einen italienischen Migrationshintergrund hat. Letztere begleitet den neuen beruflichen Orientierungsprozess alltagsnah bei der praktischen Koordination der Weiterbildungsmaßnahme mit dem Familienleben und wird nicht nur als *„professionelle“*, sondern auch als *„moralische“* Unterstützung erfahren. Die Begriffe „moralisch“ und „professionell“ sind positiv konnotiert und beschreiben die Erfahrung, dass in der Beratungsbeziehung kein negatives „*Urteil*" über die Lebensweise der zu Beratenden und ihre sozialkulturell tradierten Werte und Normen gefällt wird, auch wenn diese nicht den Erfahrungshintergründen und Normalitätsvorstellungen derjenigen entspricht, die die Beratung durchführen (Siller 2014, S. 146).

Die in diesem Fall benötigte sachlich-formale und finanzielle Beratung über eine Reintegration in die Erwerbstätigkeit einerseits und deren konkrete Umsetzung im Rahmen der konkreten Lebensverhältnisse andererseits wird somit von zwei Institutionen parallel durchgeführt. Beide Formen zusammen entsprechen dem Bedürfnis der Interviewpartnerin, gemeinsam „*Lösungen zu finden*" zur Umsetzung ihrer Weiterbildungs- und Erwerbsziele, „*also nicht nur reden, sondern auch tun*" (vgl. ebd.). Hier wird mit Beratung im Bildungskontext also nicht allein eine ergebnisoffene Kommunikationsform verbunden, wie im Fall Völter, sondern auch ein konkretes Ergebnis und dessen praktische Umsetzung. Dieser Anspruch an Effektivität von Bildungsberatung entsteht aus dem existentiellen Handlungsdruck, konkrete Lösungen finden und zeitnah umsetzen zu müssen.

In den vorliegenden Fallrekonstruktionen erweisen sich vor allem folgende Aspekte als maßgebliche Hindernisse für die Inanspruchnahme professioneller Bildungsberatung:

1. Die Erfahrung, dass Bildungsberatung ein standardisiertes Angebot ist und individuelle Bedürfnisse und Interessen nur dann Platz finden, wenn sie programmatisch in die Angebotsstruktur der beratenden Institution passen, führt zu der Wahrnehmung, von der Beraterin bzw. dem Berater nicht ernst genommen zu werden. Bildungsberatung wird dann zwar noch als punktueller Informationsdienst genutzt, nicht aber als Hilfe bei persönlich wichtigen Orientierungs- und Entscheidungsprozessen. Mit Bildungs- und Weiterbildungsfragen sind Lebensfragen verbunden, die weitreichende Folgen haben. Es geht um die Entwicklung persönlicher Orientierungssicherheit in der Einschätzung eigener Kompetenzen und Entwicklungsziele und deren Umsetzung.
2. Umgekehrt führt auch die Erfahrung zur Skepsis, dass sich in einer Beratungssituation spezifische Weiterbildungswünsche als individuell sinnvoll herauskristallisieren, die jedoch aufgrund rechtlicher und finanzieller Rahmenbedingungen nicht gefördert werden können. An dieser Stelle entsteht vor allem ein Interesse an flexibleren Strukturen im deutschen Bildungs- und Ausbildungssystem und weniger der Wunsch nach Beratung. Deutlich wird, dass Bildungsberatung strukturelle Probleme des Bildungssystems und des Arbeitsmarktes nicht beeinflussen kann.

Aus beiden Perspektiven erscheint Bildungsberatung als eine vorwiegend strategisch-kalkulative Form der Einflussnahme auf individuelle Bildungswege, als Ausdruck eines auf ökonomische Verwertbarkeit und Effizienz ausgerichteten Bildungsverständnisses:

> *„Also Bildungsberatung, es ist sehr, sage ich mal, ausgehöhlt durch dieses System, wo wir zurzeit leben. Das ist also eine sehr sehr schwierige Frage. (...) Ausgehöhlt ist, dass äh man einen individuellen Weg ähm nicht gehen kann. Man kann nicht gegen den Strom schwimmen. Das heißt also ich müsste eigentlich, wenn ich konsequent wäre, sagen: ‚Ich bin genügsam mit dem, was ich verdiene. Ich bilde mich.' Das heißt also, ich lese und lerne und bilde mich ein Leben lang, aber soweit ich will, soweit ich kann mit den Möglichkeiten, die ich habe. Nämlich die Stadtbibliothek hier zumindest und und und und und. (I: Ja.) Lass mich aber auf diese gesellschaftlichen Strukturen, nämlich schneller, höher, effektiver, flexibler, ähm, um mit diesen positiv klingenden Namen zu sprechen, die aber eigentlich nur Druck Druck Druck erzeugen, und in eine Spirale immer schneller, immer besser, immer höher uns bringen, wo wir sagen: ‚Ja, wohin führt das eigentlich?'" (Fall Nowes).*

Bildungsberatung wird hier dargestellt als inhaltlich leeres (*„ausgehöhlt"*), funktionalistisches Instrument, das Menschen dazu zwingt, mit zu treiben. Dadurch entsteht ein Strudel der Geschwindigkeit, der nicht anhält, sondern durch permanenten Druck das Leistungstempo mit unbekanntem Ziel immer weiter vorantreibt. Der Unterschied zwischen diesem systemäquivalenten Strudel lebenslangen Lernens und einem auf individuelle Möglichkeitsspielräume bezogenen Bildungsverständnis liegt dabei vor allem darin, dass nur letzteres an individueller Selbstbestimmung orientiert ist und Grenzen akzeptiert.

Diese kritische Sicht auf Bildungsberatung führt dazu, ihren Nutzen lediglich im Rahmen einer „Regelabfrage" zu sehen, die höchstens dazu dienen kann, eine erste Orientierung in persönlichen Fragen der Weiterbildung zu bekommen:

> *„Die Bildung, die man abfragt, das ist eben halt, sage ich mal: ‚Was sagt denn die Karte heute, die Essenskarte? Was haben Sie heute?' Und dann sagt er, ‚also wir haben hier zehn Gerichte, und die können Sie haben'. Und das ist nicht das, was ich will" (Fall Nowes).*

Die Metapher verdeutlicht, dass von reglementierten Verfahren der Bildungsberatung in dafür zuständigen Organisationen nichts anderes erwartet wird als Angebote programmatischer Art. Die darüber hinaus gehende Klärung von Orientierungsfragen in Bezug auf die Gestaltung des eigenen Lebens ist in diesem Rahmen nicht vorstellbar.

3. Neben diesen kritischen Aspekten, die sich auf die inhaltliche Reglementierung und begrenzte strukturelle Reichweite der bildungspolitischen Konzeption von Bildungsberatung beziehen, werden Hindernisse für ihre Inanspruchnahme sichtbar, wenn sie nicht lebensweltnah zu finden ist. Das heißt: Die Inanspruchnahme einer Bildungsberatung entscheidet sich an ihrer örtlichen Nähe zum Alltag und am formal-bürokratischen Zugang, also ganz banal an Fragen wie: Wo ist die Beratungsstelle angesiedelt? Wie weit ist sie entfernt? Muss im Vorfeld ein Termin gemacht werden? Wie lange sind Wartezeiten? Eine örtliche Nähe zum Alltag scheint dazu beizutragen, dass sie selbstverständlicher in Anspruch genommen werden kann und sie damit als professionelles Angebot zu enttabuisieren. Dieser Aspekt zeigt sich exemplarisch im Fall „Vanakis" in Bezug auf Beratungsangebote für Studierende:

   „Wenn diese Beratung in der gleichen Ebene wäre, also vom Stockwerk her, wie alle Studenten vorbeilaufen, so wie irgendwelche Versicherungen da irgendwo sich eingenistet haben und Buchläden und alles Mögliche. Ich fänd's gut, wenn die Beratung öffentlich und normal da auch mit dabei wäre, dass die Leue das als etwas Normales [betont] empfinden, dass die da mal reingehen und sich mal beraten lassen, ne, und nicht irgendwo versteckt in irgendeinem Zahn (gemeint ist ein Gebäudeteil; G.S.) da ganz weit oben und dann, so als Tabuthema, so, ne. Hoffentlich sieht dich keiner, wenn du da hingehst, oder so, ne. Also, da in der Hinsicht muss unbedingt was gemacht werden" (Fall Vanakis).

4. Im Migrationskontext erweist sich auch Hintergrundwissen über die Bedeutung und Funktion von Beratung in den jeweiligen Herkunftsländern zumindest in der Bildungsberatung mit erwachsenen Migrantinnen und Migranten als wichtig. Dabei kann ein Resultat sein, dass der Beratungsbegriff als solcher zum Problem wird, weil mit ihm im Herkunftsland ein Negativ-Bild der Hilfeform in sozialen Notlagen verbunden wird, die einen Zustand der Unfähigkeit zu selbstständiger Lebensführung suggerieren. Bildungsberatung als eine weniger auf soziale Notlagen reagierende, als auf die zukunftsorientierte Gestaltung von Bildungs- und Berufswegen ausgerichtete Beratungsform spielt in diesem Bild von Beratung keine Rolle (Siller 2014, S. 86f.).

Bezogen auf die Ausgangsfrage des Kapitels nach konkreten Erfahrungen mit Bildungsprozessen und nach Bedarfsstrukturen für Bildungsberatung lässt sich insgesamt festhalten:

Die Ergebnisse zeigen zum einen in differenzierter Weise, wie komplex sich Beratungsanliegen im Bildungskontext in heterogenen lebensweltlichen Kontexten darstellen können. Sie unterstreichen die Notwendigkeit eines Ausbaus dieser Forschungsperspektive, die subjektive Bedürfnisse, Erfahrungs- und Bewältigungsmuster in den Bildungsbiographien als eine „autonome Perspektive" der einzelnen Subjekte in den Mittelpunkt ihrer Analysen stellt (Käpplinger und Maier-Gutheil 2015, S. 176). Für jede Zielgruppe ist anzunehmen, dass diesen biografischen Strukturen nur in ihrem jeweiligen lebensweltlichen Kontext, ihren sozioökonomischen und kulturellen Rahmenbedingungen zu begegnen ist. Insofern ist mit Mecheril auch von einer „interkulturellen Dimension von Beratung" zu sprechen, die „für die Erhellung jeder interpersoneller Beratungskonstellation und jedes Beratungsthemas (nicht allein solcher, in denen ‚Migranten' thematisch relevant sind) angemessen und fruchtbar sein kann" (Mecheril 2004, S. 378).

Zum anderen wird die Vielfalt und Spannbreite möglicher „Wirkungen" deutlich, die mit Beratung im Kontext von Bildung und Beruf verbunden sind. Diese Wirkungen beziehen sich auf die ganze Person in ihrer sozialen Lebenswelt und erweisen sich auf der Grundlage der vorgestellten Ergebnisse als wenig standardisierbar. Entscheidende Voraussetzung für eine Bildungsberatung als wirkungsvolle Orientierungshilfe scheint es zu sein, dass eine Kommunikationsform angeboten wird, die glaubwürdig an einer die Nachfragenden erreichenden Verständigung über individuelle Bewältigungsstrategien ausgerichtet ist, aus der konkret realisierbare Perspektiven Schritt für Schritt entwickelt werden können. Eine solche Vorgehensweise widerspricht einer funktionalen Engführung des Beratungsverständnisses zu Lasten der Entscheidungsspielräume der Subjekte. Maier-Gutheil und Käpplinger warnen deshalb zu Recht vor einem zu engen Verständnis von Wirkungsforschung, „bei dem sich vorauseilend auf bestimmte Outcomes fixiert wird. In der Folge würde sich schleichend das Grundverständnis und die Praxis von Bildungsberatung hin zu einer Praxis zunehmend ‚regulativer Beratung' wandeln" (Käpplinger und Maier-Gutheil 2015, S. 176). Sie wäre dann weniger eine Reflexionshilfe für die Subjekte in ihren heterogenen sozialen Lebenszusammenhängen als eine Form der Begutachtung (wie sie z. B. bei Beratungen zur Gutscheinvergabe für Weiterbildungsmaßnahmen praktiziert wird; Käpplinger 2009, S. 241ff.).

Beratung im Bildungskontext ist konfrontiert mit Bedarfsstrukturen, bei der eine jeweils spezifische Zugangsweise benötigt wird, die inhaltlich vielschichtig und nicht allein auf eindeutig formulierte bildungsbezogene Fragen festzulegen ist. Eine Selbstbestimmungs- bzw. Selbststeuerungsfähigkeit des eigenen Bildungsweges, wie sie im Rahmen der bildungspolitischen Strategien zum lebenslangen Lernen gefordert werden, kann nicht vorausgesetzt werden, sie wird im Gegenteil gerade gesucht.

Diese Erkenntnisse verweisen auf *Spannungsfelder zwischen bildungspolitischen Anforderungen an ein Bildungs- und Weiterbildungsverhalten der Subjekte und deren Erfahrungs- und Bewältigungsmustern in ihren jeweiligen Bildungszusammenhängen.* Die Komplexität und Heterogenität von Bildungserfahrungen und eine damit einhergehende Spannbreite möglicher Beratungsbedarfe werfen grundlegende Fragen auf in Bezug auf das theoretische Verständnis von Bildung in ihrer Verknüpfung mit Beratung. Handlungsfelder der Bildungsberatung sind sowohl der Pädagogik (über ihren Bildungsbezug) als auch der Sozialen Arbeit (über ihren Lebenswelt- und Alltagsbezug) zuzuordnen. Die Grenzen erscheinen fließend. Aus professionalitätstheoretischer Perspektive benötigen beide Handlungsfelder eine erweiterte, bildungs- und sozialwissenschaftlich rückgebundene Wissens- und Reflexionsbasis über Bildung und Beratung, die über bildungspolitische Positionspapiere hinausgeht.

Im Folgenden werde ich zunächst die theoretischen Implikationen eines Bildungsverständnisses kritisch analysieren, das Subjekte als selbststeuernde bzw. autonome Träger ihrer Bildungs-, Ausbildungs-, Berufs- und Weiterbildungsprozesse voraussetzt. Dazu liegen sowohl theoretische als auch empirische Erkenntnisse vor, die vor allem die Frage nach Maßstäben für gelingende Bildungsprozesse in den Mittelpunkt rücken (Kapitel 3.1). Darauf aufbauend wird im Anschluss eine erweiterte Diskussion über gegenwärtige Ausgangspunkte und Begrenzungen in der Anlage von Beratung in Bildungsprozessen eröffnet (Kapitel 3.2).

3 Zur Problematik der Selbststeuerung in Bildungsprozessen

Die Funktion von Bildungsberatung wird bildungspolitisch durch Ziele mit Bildung beschrieben, die autonome Subjekte mit der Fähigkeit und dem Interesse voraussetzen, lebenslang zu lernen. Drei Zieldimensionen von Bildung stehen im Fokus:

- eine „individuelle Regulationsfähigkeit", die die Fähigkeit des Individuums beinhaltet, „sein Verhalten und sein Verhältnis zur Umwelt, die eigene Biografie und das Leben in der Gemeinschaft selbstständig zu planen und zu gestalten" (Autorengruppe Bildungsberichterstattung 2012, S. 4);
- ein arbeitsmarktbezogener Nutzen von Bildung als „Beitrag des Bildungswesens zu den Humanressourcen", bezogen sowohl auf die „Sicherstellung und Weiterentwicklung des quantitativen und qualitativen Arbeitskräftevolumens als auch auf die Vermittlung von Kompetenzen, die den Menschen eine ihren Neigungen und Fähigkeiten entsprechende Erwerbsarbeit ermöglichen" (ebd.);
- eine damit verbundene chancengleiche gesellschaftliche Teilhabe der Subjekte, deren Förderung „systematischer Benachteiligung aufgrund der sozialen Herkunft, des Geschlechts, der nationalen oder ethnischen Zugehörigkeit" entgegen wirken soll (ebd.).

Diese Ziele selbst regulierter Bildungsprozesse unterstreichen vordergründig das Bild mündiger Bürger, die selbstbestimmt und eigenverantwortlich über ihr Leben entscheiden. Sie erinnern damit an „Bildungsvorstellungen, die auf die Emanzipation und Mündigkeit der Lernenden setzen und die Notwendigkeit der Selbst-

G. Siller, *Professionelle Bildungsberatung*, Edition
Professions- und Professionalisierungsforschung 9,
https://doi.org/10.1007/978-3-658-19544-1_3

bestimmung und der Kritikfähigkeit gegen eine gesellschaftliche Funktionalisierung betonen" (von Felden 2009, S. 161). Allerdings sind die Bildungsziele bereits über die Sprache („Regulationsfähigkeit", „Beitrag des Bildungswesens zu den Humanressourcen") deutlich von einer strategischen Zweckbindung von Bildung an arbeitsmarktpolitische Interessen durchdrungen, an die gesellschaftliche Teilhabe und Chancengleichheit gebunden wird. Leitprinzip ist dabei ein seit Mitte der 1990er Jahre international proklamiertes Verständnis lebenslangen Lernens, das auf ein „verinnerlichtes Bildungsstreben" abzielt (Gerlach 2000, S. 189) und formales, nicht-formales und informelles Lernen einbezieht. Das heißt: Lernprozesse sind zum einen weitest möglich im persönlichen, gesellschaftlichen und beruflichen Leben „lifelong" – also über die gesamte Lebens"zeit" – zu verstetigen. Zum anderen sind sie aber auch „lifewide" – also lebensumspannend: sei es formal in einer klassischen Bildungs- und Ausbildungsinstitution mit Abschlussqualifikation, sei es nicht-formal am Arbeitsplatz, in Vereinen oder Verbänden, oder sei es informell als nicht intentionale Begleiterscheinung des täglichen Lebens (Siller 2011, S. 107; Kommission der Europäischen Gemeinschaften 2000, S. 10).

Mit dieser zweckrationalen Ausrichtung von Bildung, die eine selbststeuernde Planungsfähigkeit der Subjekte zur Entwicklung und Erhaltung ihrer Bildungs- und Beschäftigungsfähigkeit vorsieht, ist häufig ein konstruktivistisches Lernverständnis verbunden, in dem die Verantwortung für den Lernprozess allein bei den Lernenden liegt. Lernberatungsmodelle im Rahmen eines (Weiter-)Bildungsprozesses, wie sie etwa von Siebert (2006) oder von Pätzold (2004) entwickelt werden, sehen die Rolle der Lehrenden als Begleitung der durch die Lernenden selbst gesteuerten Lernprozesse. Sie leisten „mitlaufende Lernberatung" (Siebert 2006, S. 94), etwa durch ziel- und ressourcenorientierte Gespräche oder durch Instrumente zur Herausbildung eines Kompetenzprofils, um individuelle Möglichkeitsräume zu erweitern. Ein selbst gesteuertes Lernen soll durch die didaktische Gestaltung der Kontexte begleitet und erleichtert werden. Inhaltliche Lehre als Prozess der Auseinandersetzung zwischen Lehrenden und Lernenden mit einem vorgegebenen fachlichen Input tritt damit tendenziell in den Hintergrund. Um Kompetenzen für eigenständige Lernprozesse zu fördern, scheint es nahezuliegen, Lernen stärker an individuelle Beratung als an inputorientierte Lehre zu koppeln (Siller 2014, S. 15). So verkehren sich scheinbar die Rollen: Die Rolle der Lehrenden gewinnt den Charakter als eine von den Lernenden gesteuerte. An die Stelle von „Vermittlung" tritt eine durch Beratung abgefederte „Ermöglichung" (Arnold 2000).

Stellt man nun in Bezug auf die Bildungsthematik allerdings die Frage, wie und unter welchen Voraussetzungen sowohl grundständige Bildungs- als auch Weiterbildungsprozesse gelingen, lässt sich zeigen, dass mit der Fokussierung von Bildung und Lernen auf Selbststeuerung der Lernenden mit Beratungsunterstützung wesentliche Bestandteile von Bildung und Voraussetzungen für ihr Gelingen aus dem Blick geraten.[11]

3.1 Wie gelingt Bildung?

Bezogen auf schulische Lernprozesse veranschaulichen die empirischen Ergebnisse der international stark beachteten Studie des neuseeländischen Bildungsforschers John Hattie (2015), worauf Bildungsprozesse angewiesen sind. Auf der Basis einer umfassenden Auswahl von Metaanalysen im englischsprachigen Raum legt er eine Rangliste verschiedener Einflussfaktoren auf den schulischen Lernerfolg vor und entwickelt davon ausgehend eine „evidenzbasierte Theorie", mit der er ein Lehr-Lernmodell entwirft, das er als „Visible Learning" beschreibt (Beywl und Zierer 2015, S. XI). Insbesondere die Qualität der Lehrpersonen und die Art der Beziehung zwischen Lehrenden und Lernenden in der Auseinandersetzung mit inhaltlichem Wissen treten in den Vordergrund. Hattie hebt hervor, dass die aktive Rolle der Lehrenden, ihr richtunggebendes Feedback, ihr aktivierendes und engagiertes Arbeiten mit den Lernenden eine zentrale Rolle spielen. Gemeint sind nicht traditionelle Verfahren einer direktiven Lehre, sondern von der Lehrkraft ausgehende aktivierende Strategien, die anregen, herausfordern, anleiten und motivieren und damit gleichzeitig Räume eröffnen für selbstbewertendes und selbstgesteuertes Lernen und entsprechende Lernstrategien.

Hattie plädiert in der Konsequenz dafür, „sichtbares Lehren und Lernen" zu ermöglichen und meint damit Folgendes: „Dieses tritt dann auf, wenn Lernen das explizite Ziel ist, wenn es ausreichend anspruchsvoll ist, wenn sowohl die Lehrperson als auch die Lernenden (jeweils auf ihre Weise) überprüfen, ob und in welchem Ausmaß das anspruchsvolle Ziel erreicht ist, wenn es absichtsvolles Lernen gibt, um die Beherrschung des Ziels zu erreichen, wenn Feedback gegeben und eingefordert wird und wenn am Lernprozess aktive, leidenschaftliche und engagierte Menschen (Lehrpersonen, Lernende, Peers usw.) beteiligt sind. Es geht darum, dass Lehrpersonen das Lernen mit den Augen der Lernenden betrachten und Lernende das Lehren als Schlüssel zu ihrem fortdauernden Lernprozess erkennen" (Hattie 2015, S. 27).

11 Da sich das bildungspolitische Ziel, mit Beratung als strukturellem Bestandteil von Bildungsprozessen Menschen zu befähigen, eigenständige Bildungswege zu gehen, auf alle Altersgruppen „in jedem Lebensabschnitt" bezieht (vgl. Kapitel 1; Europäische Union 2004, S. 2), wird im Folgenden sowohl auf Arbeiten eingegangen, die sich auf grundständige Bildung von Kindern und Jugendlichen beziehen als auch auf solche, die die Erwachsenenbildung thematisieren.

Bildungsprozesse bleiben also auch aus dieser Perspektive intrapersonale Prozesse, die letztlich in der Selbstverantwortung der Lernenden liegen. Gleichzeitig wird jedoch die Verantwortung der Lehrenden für die Lernprozesse, konkreter für die Auseinandersetzung mit inhaltlichem Wissen hervorgehoben. Hattie betont beide Aspekte gleichermaßen als maßgeblich für „diejenigen selbstregulierenden Merkmale, die bei Lernenden besonders erwünscht sind (Selbstbeobachtung, Selbstbewertung, Selbsteinschätzung, Selbstunterrichtung)" (Hattie 2015, S. 27). Bildungsprozesse basieren damit – so Hatties Ergebnisse – auf einer Kombination von instruktiven und konstruktivistischen Lehrformen, deren Ziel eine Selbststeuerung des eigenen Lernens ist, nicht aber ihre Voraussetzung (ebd., S. 36). Dies impliziert auch, dass dieses Ziel vielleicht nie erreicht wird.

Theoretisch gewendet verweist diese umfassende empirische Studie auf die *Bedeutung von Resonanzprozessen* zwischen den Beteiligten an Bildungsvorgängen und zwischen den Beteiligten und den Inhalten. Die grundlegenden Arbeiten von Hartmut Rosa zur Bedeutung von Resonanz für die Beziehungen des Menschen zur Welt führen diese Resultate theoretisch aus (Rosa 2016). Rosa rekonstruiert unterschiedliche soziale Zusammenhänge, in denen sich Resonanzbeziehungen entfalten. Neben Familie, Politik, Religion u. a. geht er auf Prozesse der Resonanzbildung ein, die sich vor allem „in und durch Arbeit und Bildung vollziehen" (ebd., S. 393). Schulische Bildungsprozesse formen die Beziehungen von Heranwachsenden zur Welt. Dies geschieht „in dichten Interaktionsprozessen (mit Menschen und Dingen) im Klassenzimmer, aber auch auf dem Schulhof, auf dem Schulweg, im Ferienlager etc., und zwar vermittelt über Anerkennungs- und Distinktionsprozesse, über die explizite und implizite (zum Beispiel durch Gesten und Kleidung) Artikulation starker Wertungen und in unzähligen praktischen Erfahrungen (…)" (ebd., S. 403). Einen gelingenden Bildungsprozess beschreibt Rosa als „Resonanzdreieck" zwischen Lehrpersonen, Lernenden und dem anzueignenden Inhalt, in dem es darum geht, ob es gelingt, sich von inhaltlichen Feldern „affizieren" zu lassen und dabei „Selbstwirksamkeitserfahren" zu machen: „Eine Resonanzachse wird sich nur etablieren, wenn wir entdecken, dass wir in einem Fach oder einer Tätigkeit gut sein können, dass wir etwas zu erreichen und zu bewegen vermögen, dass uns das Material (die Geige, der Basketball, das Gedicht, das Parteiprogramm, der Neutronenstern) ‚antwortet'" (Rosa 2016, S. 404). Dabei spielen die sozialen Beziehungen zwischen Lernenden und Lehrenden und damit einhergehende Erfahrungen von Anerkennung, nicht wahrgenommen werden oder Ablehnung eine zentrale Rolle.

Diese resonanztheoretische Argumentation knüpft im Grundsatz an die Tradition klassisch-bildungsphilosophischer Konzepte von Gottfried Herder und Wilhelm von Humboldt an. In diesen Konzepten ist Bildung ein aktiver Prozess der

Selbstbildung der ganzen Person, die sich über die Aneignung der Welt entfalten soll und zu einer sich selbst bestimmenden Individualität und Persönlichkeit führt. Dieser Selbstbildungsprozess lässt sich mit Jaspers (1992) – existenzphilosophisch fundiert – auch als *Transformationsprozess* beschreiben, in dem die Aneignung von Wissen innere Veränderungen und Erweiterungen bedeuten, die handlungswirksam werden: „Wissen als solches ist nicht Bildung. Bloße Kenntnisse sind Mittel zu einem Zweck, man kann sie anwenden, aber sie bleiben dem Menschen ein äußeres Gut. Bildendes Wissen jedoch verändert den Menschen, wird zu seinem Wesen. (…) Anwendbare Kenntnisse erlauben eine Berechenbarkeit durch genaue Angabe ihrer Wirksamkeit; bildendes Wissen ist wirksam, aber ohne Berechenbarkeit" (Jaspers 1992, 112f.; Bieri 2012). So gesehen geht es darum, sich immer wieder zu vergewissern, das Gelernte in Zusammenhänge zu stellen und zu überprüfen, was nicht allein heißt, Bildung unter bestimmte, gerade erwünschte Ziele zu stellen, sondern kritisch und offen zu sein für eine Weiterentwicklung in einer sich verändernden Welt.

Diese Konzepte stehen im Gegensatz zu ökonomistisch-instrumentalistischen Verengungen von Bildung auf eine kompetenzorientierte Ausbildung, die primär auf die Aneignung von Skills für ein lebenslanges, selbstgesteuertes Lernen zielt. Persönlichkeitsbildung bedeutet in diesem Zusammenhang, alle notwendigen Fertigkeiten anzueignen, mit Hilfe derer in der Welt der Zukunft erfolgreich agiert und interagiert werden kann. Bildungsphilosophische Auseinandersetzungen zielen demgegenüber darauf, Bildung „frei von vordergründigen Zwecksetzungen wieder auf ihren gedanklichen Kern zu konzentrieren: Wie der Bildhauer die Skulptur gestaltet, besteht Selbstbildung in dem Versuch, sich selbst zu formen, die eigenen Anlagen zu entwickeln und so ein gelingendes Leben zu führen" (Hastedt 2012, S. 7).

Resonanztheoretisch gesehen geht es um die Verknüpfung beider Aspekte – der Selbstbildung und der Weltbildung zu einer „Weltbeziehungsbildung" (Rosa 2016, S. 408). „Worauf es ankommt, ist nicht die individualistisch-atomistische Selbstverfeinerung und auch nicht die desengagierte Weltbeherrschung, sondern die Eröffnung und Etablierung von Resonanzachsen" (ebd.). Bedeutsam sind dafür die Art der Beziehungen zwischen Stoff, Lehrenden und Lernenden, die Resonanz oder Entfremdung ermöglichen.

Im Rahmen der Erwachsenenbildung ist diese Verknüpfung von Selbst- und Weltbildung prinzipiell nicht neu und lässt sich auch empirisch konkretisieren. So legt Jochen Kade bereits Ende der 1980er Jahre eine differenzierte Studie zur subjektiven Aneignung von institutionalisierten Bildungsangeboten in der Erwachsenenbildung vor. In dieser damals identitätstheoretisch fundierten Arbeit, in der danach gefragt wird, inwiefern Erwachsenenbildung zur Bewältigung von Identitätsproblemen beiträgt, wird die *Bedeutung von Resonanzachsen für die Entscheidung zur Weiterbildung* sichtbar. Deutlich wird, dass der Bildungsgedanke an sich im Prozess der Weiterbildungsentscheidung nicht allein im Vordergrund steht. Relevant sind ebenfalls die soziale Zugehörigkeit zu einer Gruppe durch die gemeinsame Teilnahme an einem Angebot der Erwachsenenbildung und der handlungsorientierte Aspekt des Tätigwerdens in einem bestimmten Feld, das im Rahmen der eigenen Lebenssituation sinnhaft erscheint (Kade 1992, S. 274ff., 316f.).

Diese Aspekte lassen sich auch als Resonanzerfahrungen beschreiben. Der Fokus der Wissenserweiterung als Teil von Bildung ist für die Untersuchungsgruppe „nur *eine* Form der identitätsorientierten Aneignung von Erwachsenenbildung" (Kade 1992, S. 316; Hervorh. im Original). Kade verweist vor diesem Hintergrund auf „eine Differenz bzw. ein Spannungsverhältnis zwischen einer normativ angelegten Erwachsenenbildungsprogrammatik und der Bedeutung, die die Erwachsenenbildung für die Teilnehmer hat" (ebd., S. 318). Deutlich hervorgehoben wird die Illusion eines „linearen Zusammenhang(s) von ‚Intentionen' und ‚Wirkungen' (…), der im realen Bildungsgeschehen nicht vorkommt. Sein Merkmal sind Brüche, Um- und Irrwege, aber auch Sackgassen (…). In diesem Sinne haben Bildungsprozesse die Struktur ‚diffuser Zielgerichtetheit'" (ebd., S. 320). *Um Resonanzachsen entstehen zu lassen, braucht es lebensweltbezogene Anknüpfungspunkte*, die individuell bedeutsam sind. Bildung wird erst dann als Selbstbildung zum Selbstzweck und als solcher zu einem lebenslangen Prozess, allerdings ohne spezifische funktionale Zurichtung.

So gesehen ist Bildung ein „anthropologisch-gesellschaftliches Faktum" (Thiersch 2011, S. 163), denn „Leben, Erfahrungen und ihre Bewältigung ergeben, in welcher Form auch immer, eine Lebensgestalt. Das Leben bildet; Menschen leben, indem sie eine Bildungsgeschichte haben" (ebd.). Bezogen auf gegenwärtige globalisierte Gesellschaften mit vielfältigen Lebensmöglichkeiten geht diese radikale Vorstellung von Bildung einher mit individuellen Suchprozessen im Rahmen der Vielfalt: „Im Prinzip ist der Bildungsgedanke nicht elitär, sondern eröffnet den Weg der Selbstbildung für alle. Pluralismus steht allerdings nicht für ein unverbindliches Nebeneinander, sondern beinhaltet Auseinandersetzungen beim Suchen eines eigenen Weges" (Hastedt 2012, S. 24).

Nun leben wir in einer sich rasant verändernden Welt, in der Bildung zunehmend digital und mobil wird und sich Berufsfelder entsprechend schnell verändern. Rosa führt uns vor Augen, dass moderne Gesellschaften davon gekennzeichnet sind, sich nur (noch) dynamisch stabilisieren zu können und "systematisch auf Wachstum, Innovationsverdichtung und Beschleunigung angewiesen (sind), um ihre Struktur zu erhalten und zu reproduzieren" (Rosa 2016, S. 673). Diese Beschleunigungsprozesse erfassen alle „Nischen, in denen wir heimisch werden und uns Welt anverwandeln könnten", so dass die „Art und Qualität der Beziehung zwischen Subjekt und Welt fundamental berührt und verändert (werden)" (ebd., S. 692).

Resonanz und Beschleunigung stehen in einem Spannungsverhältnis, oder mit Rosas Worten: „Wenn Beschleunigung das Problem ist, dann ist Resonanz vielleicht die Lösung" (Rosa 2016, S. 13). Resonanzbeziehungen sind auf Zeit angewiesen und entstehen prozesshaft. Sie erfordern eine vertrauensvolle Öffnung und gehen einher mit Verletzbarkeit. Gleichzeitig ist Zeit eine knappe Ressource, Schnelligkeit und Konkurrenz dagegen sind Grundprinzipien wettbewerbsorientierter globaler Wirtschafts- und Konsumsysteme. Beschleunigung ist zugleich eine wirtschaftlich-technologische Tatsache und ein psychologisches Phänomen. In dieser Situation einer „von notorischer Zeitknappheit geprägte(n) Welt" entsteht für die Subjekte der strukturelle Zwang zu einem „instrumentellen Weltverhältnis", das die Ausbildung von Resonanzbeziehungen erschwert (ebd., S. 693). In den Mittelpunkt steigerungsorientierter, konkurrenzförmig orientierter gesellschaftlicher Beziehungen rücken – so Rosa – durchaus folgerichtig rationale Strategien der „Reichweitenvergrößerung" (ebd., S. 694), die auf die Steigerung ökonomischen, kulturellen, sozialen und Körperkapitals zielen (ebd., S. 695). An dieser Stelle ist die Kompetenzorientierung im Bildungsdiskurs anzusiedeln. Entscheidender Motor ist dabei die „Angst, abgehängt zu werden und damit Weltreichweite beziehungsweise die Ressourcen zur Weltanverwandlung zu verlieren" (ebd.). So entsteht die *paradoxe Situation, dass zeitliche Spielräume für Such- und Irrwege und damit verbundene Resonanz- und Entfremdungserfahrungen eine entscheidende Bedingung für gelingende Bildungsprozesse darstellen, wobei sie sich gleichzeitig im Rahmen gesellschaftlicher Dynamisierung und Beschleunigung auflösen.*

3.1.1 Ungleiche Voraussetzungen für Bildung

Neben diesen grundlegenden Entwicklungen ist zu berücksichtigen, dass die Voraussetzungen für Bildung gesellschaftlich ungleich verteilt sind. Unstrittig ist, dass die soziale Herkunft in Deutschland maßgeblich über den Bildungsabschluss und den sozialen Status entscheidet, wobei die Unterschiede zwischen den Bundesländern groß sind (Bertelsmann Stiftung et al. 2017). Während die verbleibenden Hauptschulen sich zum „Bildungsghetto" entwickeln, bildet sich auf der anderen Seite eine „soziale Abschottungspraxis der Mitte" aus, die „Bildungsreservate" für Kinder der Besserverdienenden und Höhergebildeter verteidigen (Bude 2013, S. 41). Ein zentrales Problem der randständigen Schulen besteht darin, dass ihre Bildung dramatisch an Wert verloren hat, eine Entwicklung, die Bude zugespitzt als „Bildungslüge“ bezeichnet: „Der institutionellen Botschaft der Schule, dass man nur durch Bildung vorankommt, setzen die Beschulten ihre lebensgeschichtliche Erfahrung entgegen, dass Bildung einem im Zweifelsfall gar nichts nützt“ (ebd., S. 43).

So steigt die Quote der Schulabbrecher seit 2012 wieder an. Sie liegt bundesweit – so die Ergebnisse der Caritas-Bildungsstudie von 2017 – mit 5,9 Prozent über dem Niveau der Jahre 2014 (5,7 Prozent) und 2013 (5,6 Prozent). Demnach verließen 2015 bundesweit 47.435 Jugendliche die Schule ohne Hauptschulabschluss, wobei die Abbrecherquote je nach Landkreis zwischen 1,7 und 15,6 Prozent schwankt (Deutscher Caritas Verband 2017).[12]

Gründe dafür sind vielfältig. Wirtschaftlicher Strukturwandel und Arbeitsmarktentwicklungen haben zu einer deutlich geringeren Nachfrage nach gering qualifizierten Beschäftigten geführt, die keinen oder einen niedrigen Schulabschluss bzw. keine Berufsausbildung haben. Ihr „Bildungserfolg“ liegt unterhalb der Bildungsnorm. Folge ist eine anhaltende Abwanderung in höhere Bildungsgänge, die soziale Ausgrenzungsprozesse am unteren Ende der Bildungshierarchie noch verschärfen. Für die betroffenen Heranwachsenden spielt Bildung keine zukunftsbezogene Rolle. Sie bereiten sich „auf ein brüchiges und ungewisses Leben vor, das weder verlässliche Jobs noch belastbare Beziehungen bietet“ und bei dem „nicht um Beruf und Karriere, sondern ums Durchkommen und Überleben geht“ (Bude 2013, S. 49).

Mit diesen Erkenntnissen rücken lebens- und alltagsweltliche Bildungsvoraussetzungen und -prozesse neben den institutionalisierten Formen des Bildungssystems deutlich mit in den Blick. Bildungssoziologische Arbeiten verweisen seit längerem darauf, dass der Fokus empirischer Bildungsforschung zu eng ausgerichtet ist, wenn sie „Bildung vornehmlich über deren institutionelle Ausprägungen definiert und misst sowie in Bezug auf systemische Bildungsprozesse bewertet. Erfahrungsweltliche Bildungsinhalte werden damit nicht für sich genommen thematisiert, sondern allein in Hinblick auf ihren Erklärungsbeitrag für schulischen Erfolg“ (Grundmann et al. 2010, S. 53). Für die beschriebene Gruppe derjenigen, die aufgrund eines fehlenden oder unzureichenden Schul- und/oder Berufsabschlusses als Bildungsverlierer gelten, stellt jedoch die Schulbildung eine Sackgasse dar, in der sie ihre Stärken nicht weiterentwickeln können.

12 Die Daten wurden in mehr als 400 kreisfreien Städten und Kreisen erhoben. Die Basisdaten stammen aus der Regionaldatenbank der Statistischen Ämter des Bundes und der Länder, die Berechnungen wurden 2012 vom Deutschen Caritasverband (DCV) erstmals durchgeführt und in den folgenden Jahren fortgesetzt.

Nimmt man eine analytische Trennung von lebensweltlicher und institutioneller Bildung vor, öffnet sich der Blick für Eigendynamiken von lebensweltlich relevanter Bildung „als Prozess der systematischen Strukturierung von Erfahrungs- und Handlungswissen, das nicht in Bildungsinstitutionen erworben wird oder verwertbar gemacht werden kann, sondern in lebensweltlichen Erfahrungskontexten wie der Familie vermittelt und genutzt wird (…)“ (Grundmann et al. 2010, S. 52). Diese Eigendynamik wird aus bildungs- und sozialisationstheoretischer Perspektive darin gesehen, dass es hier um die Entwicklung von *Erfahrungs- und Handlungswissen* geht, um „spezifische Handlungsbefähigungen und Praktiken der Lebensführung“ (ebd.), *die nicht deckungsgleich sind mit institutionell arrangierter Bildung*. Wird diese Differenzierung nicht gemacht, sind „Bildungsprozesse in der Familie und deren Wechselwirkung mit institutionellen Bildungsprozessen in Schule, Berufsbildungsinstitutionen und Weiterbildungseinrichtungen“ nicht zu erkennen (ebd.).

Unsichtbar bleiben damit auch differente Ausrichtungen zwischen alltagspraxisbezogenen und institutionellen Bildungsprozessen und daraus erwachsende Anpassungsprobleme im Bildungssystem. Grundmann u. a. verweisen darauf, dass „unterprivilegierte ‚bildungsferne‘ Milieus einen schulbildungsfernen Habitus (produzieren), der ihnen keine Dispositionen zur bildungsmäßigen Karriereplanung oder Weiterbildungsmanagementstrategien nahelegt“ (Grundmann et al. 2010, S. 69). Daran ändern auch die im Rahmen des lebenslangen Lernens neben der formalen Bildung mehr Gewicht bekommenden Formen des non-formalen und informellen Lernens nichts. Mit ihnen finden über erfahrungsweltliche Bildungsqualifikationen erworbene soft skills, wie „IT-Fertigkeiten, Fremdsprachen, technologische Kultur, Unternehmergeist und soziale Fähigkeiten“ stärkere Beachtung (Kommission der Europäischen Gemeinschaften 2000, S. 12). Die Ergebnisse des jüngsten Bildungsberichts machen jedoch deutlich, dass sich auch in diesen erweiterten Lernformen eine selektive Teilhabe fortsetzt: „Die Teilhabe an informellem Lernen differiert stark nach Migrationshintergrund, Bildungsstand und Erwerbsstatus sowie nach Teilnahme an non-formaler Weiterbildung. Das zeigt, wie stark die Komplementarität zwischen informellem Lernen und Erfahrungen in formalisierten Lernumgebungen ist“ (Autorengruppe Bildungsberichterstattung 2016, S. 5).

Zugespitzt weisen diese Forschungsergebnisse darauf hin, dass soziale Unterschiede in der Teilhabe an Bildung auch über informelle Bildungsprozesse in der Alltags- und Lebenswelt gesteuert werden. Bezogen auf Bildungsprozesse Jugendlicher stellt Thomas Rauschenbach in seiner Bilanz des Forschungsstandes zum informellen Lernen fest: „Während ein Teil der jungen Menschen heute enorme Möglichkeiten hat, Fähigkeiten und Fertigkeiten im alltäglichen Leben zu erweitern – ihnen wird in den Familien, den Kitas und in der Jugendarbeit, in Ferienkursen und Auslandsaufenthalten unter Umständen mehr (gegenwartsbezogene) Alltagsbildung angeboten als vielen Generationen davor –, mangelt es gleichzeitig einer anderen Gruppe von jungen Menschen an den Zugängen genau zu diesen schulergänzenden Lernsettings“ (Rauschenbach 2016, S. 803). Neben diesen Einflüssen über informelle Bildungsprozesse bleibt gleichzeitig die hohe Bedeutung von Bildungsabschlüssen im institutionellen Bildungssystem bestehen, formale Bildungstitel werden für den Arbeitsmarkt nicht bedeutungsloser, sondern wichtiger (Konietzka 2010, S. 297).

Subjekte werden so in umfassender Form als dauerhaft Lernende definiert mit dem Ziel, ihre Kompetenzen anschlussfähig zu halten an Entwicklungen des Arbeitsmarktes. Sie tragen dabei allein die Verantwortung für ihre Erfolge und Misserfolge. Werden Bildungsprozesse im Erwachsenenalter nicht fortgesetzt, erscheint dies als Folge individueller Fehlentscheidungen. Auf diese Weise produzieren „gerade die scheinbar unschuldigen Konzepte des ‚lebenslangen‘, ‚selbstgesteuerten‘ oder ‚selbstprogrammierten‘ Lernens im Erwachsenenalter (…) den Eindruck (…), dass es keine Welt jenseits des standardisierten Lernens und Weiterlernens mehr gibt und geben kann“ (Grundmann et al. 2010, S. 69). Faktisch ist jedoch die Teilnahme an Weiterbildung bis heute durchgängig dominiert von Personen mit Abitur und Hochschulabschluss.[13] Vor diesem Hintergrund erweist sich die Vorstellung einer durchgesetzten individualisierten Wissensgesellschaft als unhaltbar, „die Bildungs- und Weiterbildungsentscheidungen direkt den Individuen zurechnet und Herkunftseffekte trotz aller gegenteiligen empirischen Evidenzen leugnet“ (Grundmann et al. 2010, S. 69).

Obwohl die von Hattie (2015) gebündelten Einflussfaktoren auf schulische Bildung nicht direkt auf das deutsche Bildungssystem übertragbar sind, soll doch in diesem Zusammenhang auch auf den von ihm analysierten „sozioökonomischen Status“ im Rahmen grundständiger Bildung hingewiesen werden, mit dem er die

13 Der jüngste Bildungsbericht stellt eine Teilnahmequote von insgesamt 51% an Weiterbildung fest und bemerkt damit zunächst erstmals einen positiven Trend auch bei den Geringqualifizierten (Autorengruppe Bildungsberichterstattung 2016, S. 4). Gleichzeitig wird jedoch betont, dass dieses Ergebnis allein auf deren Teilnahme an betrieblicher Weiterbildung zurückzuführen ist: „Über die Hälfte der Teilnehmenden gibt als Teilnahmegrund an, dass sie nur auf betriebliche Anordnung hin erfolgt sei; bei Geringqualifizierten steigt dieser Anteil auf drei Viertel. Wie nachhaltig eine solche, wenig selbstgesteuerte Weiterbildung ist, die sich überwiegend auch auf Kurzzeitmaßnahmen stützt, ist zu diskutieren. Insgesamt werden die sozialen Disparitäten nach Bildungs- und Erwerbsstatus sowie Migrationshintergrund dadurch nicht aufgehoben. Im Gegenteil: Sie bleiben stabil“ (ebd.).

Relevanz sozioökonomischer Ressourcen des Elternhauses für die Bildungserfolge ihrer Kinder betont. Dabei hebt er besonders den Faktor hervor, „dass mit der schulischen Bildung eine Sprache und eine Reihe von kulturellen Normen eingeführt werden, mit denen viele Eltern, insbesondere solche aus Familien mit niedrigem SOS (sozioökonomischem Status; G.S.), nicht vertraut sind" (Hattie 2015, S. 75). Gemeint sind mit der „Sprache der Schulausbildung und des Lernens" z. B. Kenntnisse der Eltern darüber, wie sie Lernprozesse unterstützen und sich dafür engagieren können oder wie sie mit Lehrenden in Bildungsinstitutionen sprechen können (ebd.). Auch für das deutsche Bildungssystem gilt dieser vieldiskutierte „Mittelschichtsbias", der zu *gruppenbezogenen Benachteiligungen aufgrund der Herkunftsgeschichte* führt und eine schwer überwindbare Bildungsbarriere darstellt. Diese setzt sich, wie oben bereits verdeutlicht, fort in der Verwertbarkeit erfahrungsweltlicher Bildungsqualifikationen. „Wertmaßstab ist dabei wiederum lediglich die gesellschaftlich anerkannte und ökonomische Verwertung von Fähigkeiten im Sinne von Statuserwerb und Nutzenmaximierung. Die Kompetenzen, die für das Überleben in deprivierten oder subkulturellen Lebenswelten nötig sind, erfahren damit eine weitere Abwertung und zunehmende Geringschätzung" (Grundmann et al. 2010, S. 57).[14]

Mit dieser Perspektive werden Herkunftseffekte auf den Zugang zu institutioneller Bildung thematisiert, die zu der These führen, dass „erst die Hierarchisierung von Handlungswissen, wie sie in und durch Bildungsinstitutionen und Eigendynamiken von Bildungssystemen produziert werden, zu Bildungsungleichheiten (führt), die bis in die Erfahrungswelt der Familie hineinwirken" (Grundmann et al. 2010, S. 56). Diese Zusammenhänge kommen durch individualisierte Bildungskonzepte und ihre Evaluationen nicht in den Blick, sondern erst durch eine stärker *phänomenologisch ausgerichtete Forschungsorientierung auf Bildungsprozesse,* „die sich nicht auf systemischen Bildungserfolg, sondern auf das Leben in spezifischen sozialstrukturellen Segmenten bzw. Lagen, in subkulturellen Kontexten also, beziehen" (ebd., S. 73).[15]

14 Als divergente soziale Rationalitäten werden hier thematisiert Schule, Ausbildung und soziale Aufstiegshoffnungen auf der einen Seite, Renitenz, Milieuzusammenhalt und prekäre Arbeit auf der anderen Seite. „Die Handlungsbefähigungen und Kompetenzen, die in der einen Welt zählen, sind in der jeweils anderen nichts wert" (Grundmann et al. 2010, S. 57).

15 Im Grundsatz ähnlich plädieren Maaz et al. (2014) für eine stärkere Berücksichtigung der schulischen Lernumgebung und fordern „zukünftig stärker als bislang Interaktionen zwischen schulischen Kontextmerkmalen und den individuellen Eingangsvoraussetzungen von Schülerinnen und Schülern (zu prüfen). Dies ist insbesondere für die

Mit dieser Orientierung erscheinen soziale Ungleichheiten im Bildungssystem auch als Ergebnis der Engführung von Bildung und damit einhergehenden gruppenbezogenen Entfremdungsprozessen. Diese Entfremdungsprozesse erschweren eine Ausbildung von Resonanzfähigkeit, weil Erfahrungen von Selbstwirksamkeit und Anerkennung ausbleiben. So lässt sich eine zentrale Wurzel für die hartnäckige Reproduktion sozialer Ungleichheit im Bildungssystem darin erkennen, „dass die Schulen und Bildungsinstitutionen für privilegierte Bevölkerungsgruppen gleichsam als Resonanzverstärker fungieren, welche Resonanzfähigkeiten dadurch erhöhen, dass sie bildungsrelevante Weltausschnitte für die Subjekte zum Sprechen bringen, während sie für die sogenannten Bildungsverlierer nur Entfremdungszonen sind“ (Rosa 2016, S. 753).

Bezogen auf den aktuellen Mainstream fundamental individualisierter Bildungskonzepte sind vor dem Hintergrund der vorangegangenen Ausführungen *grundlegende Simplifizierungen im Verständnis des Bildungsvorgangs und der Voraussetzungen für gelingende Bildungsprozesse deutlich sichtbar* zu machen:

Mit den aktuellen bildungspolitischen Eckpfeilern eines lebenslangen Lernens und ihrer Fokussierung des Selbst erscheint eine Autonomie der Lernenden als die zentrale Grundlage eines gelingenden Bildungsvorgangs, der – mit Hilfe von „lebensumspannender Beratung“ – flexibel und mit dem Ziel der Effizienz eng auf den Arbeitsmarkt bezogen wird (Europäische Union 2008, S. 1f.). In diesem Bildungskonzept stehen selbststeuernde Lernprozesse und die quantitative „Ertragsrate“ der Kompetenz- und Ressourcenausschöpfung, möglichst verbunden mit einem hohen Bildungsabschluss, im Mittelpunkt. Konfrontiert mit den erörterten empirischen und theoretischen Erkenntnissen zu den Voraussetzungen für gelingende Bildung und einer kontinuierlich zu beobachtenden Reproduktion von Ungleichheitsstrukturen im Bildungssystem erweist sich ein solches Bildungsverständnis jedoch als deutlich verkürzt. Es blendet heterogene Sozialisationsprozesse, Erfahrungshintergründe, Handlungsorientierungen und Bewältigungsstrategien ebenso aus wie selektive Zugangsstrukturen des Bildungs- und Weiterbildungssystems und orientiert sich an den Anforderungen gesellschaftlicher und ökonomischer Entwicklung. Darüber hinaus wird nicht erkannt, dass individuelle Bildungsprozesse und -ziele sich nicht nur auf die Weiterentwicklung „nomadischen“ Wissens und generalisierter Kompetenzskills beziehen, sondern ebenso auf eine Handlungs- und Entscheidungsfähigkeit im Rahmen einer jeweils spezifischen gesellschaftlichen Lebenssituation. Darin eingebunden sind – in de-

Frage differenzieller Fördereffekte der weiterführenden Schulen naheliegend“ (Maaz et al. 2014, S. 25).

mokratischen Gesellschaften – die Entwicklung von Grundfähigkeiten zur Selbstbestimmung, gesellschaftlich-politischen Mitbestimmung und Solidarität.

Diese Erkenntnis ist bereits Teil von Klafkis Mitte der 1980er Jahre entwickelten bildungstheoretischen Studien zu einem kritisch-konstruktiven Konzept allgemeiner Bildung (Klafki 1996, S. 43ff.). Darin sind Bildungsfragen Gesellschaftsfragen und Bildungstheorie und -praxis werden die Möglichkeit und die Aufgabe zugewiesen, „auf gesellschaftliche Verhältnisse und Entwicklungen nicht nur zu reagieren, sondern sie unter dem Gesichtspunkt der pädagogischen Verantwortung für gegenwärtige und zukünftige Lebens- und Entwicklungsmöglichkeiten jedes jungen Menschen der nachwachsenden Generation, aber auch jedes Erwachsenen, dessen Interesse an Weiterbildung bereits vorhanden oder der darauf ansprechbar ist, zu beurteilen und mitzugestalten" (ebd., S. 50f.). Klafki entwickelt ein Allgemeinbildungskonzept, an das – vor dem Hintergrund der Reproduktion sozialer Ungleichheit im Bildungssystem deutlich aktuelle Bezüge aufweisend – drei Forderungen geknüpft sind:

- die Forderung nach einer als demokratisches Bürgerrecht begründeten „Bildung für alle", mit dem er sich „gegen die Festschreibung gesellschaftlich bedingter Ungleichheit der Chancen zur Entwicklung menschlicher Fähigkeiten" richtet (ebd., S. 53). Dies beinhaltet, dass alle Menschen bildungsbedürftig und -fähig sind;
- die Forderung einer „Bildung im Medium des Allgemeinen". Allgemeinbildung meint die „Aneignung der die Menschen gemeinsam angehenden Frage- und Problemstellungen ihrer geschichtlich gewordenen Gegenwart und der sich abzeichnenden Zukunft und als Auseinandersetzung mit diesen gemeinsamen Aufgaben, Problemen, Gefahren" (ebd.). Im Mittelpunkt stehen Schlüsselprobleme gesamtgesellschaftlicher und globaler Bedeutung, für die durch Bildung ein differenziertes Problembewusstsein geschaffen werden soll, gelten die Friedens- und die Umweltfrage, gesellschaftlich produzierte Ungleichheiten, Gefahren und Möglichkeiten neuer technischer Steuerungs-, Informations- und Kommunikationsmedien sowie die „Subjektivität des einzelnen und das Phänomen der Ich-Du-Beziehung" (ebd., S. 56ff.);
- die Forderung nach „Bildung in allen Grunddimensionen menschlicher Interessen und Fähigkeiten", mit der auf eine vielseitige „Interessen- und Fähigkeitsentwicklung" gezielt wird (ebd., S. 54). Dies umfasst eine körperbezogene Bildung ebenso wie handwerklich-technische, hauswirtschaftliche Bildung, die Ausbildung sozialer Kompetenz, die Bildung kognitiver Möglichkeiten, ästhetische Fähigkeiten sowie eine ethische und politische Entscheidungs- und Handlungsfähigkeit.

Im Rahmen dieses Verständnisses von Bildung als Allgemeinbildung im kritisch-konstruktiven Sinn wird die Komplexität von gesellschaftlichen Bildungsbezügen und individuellen Bildungsprozessen sichtbar. In diesen kontingenten Prozessen entwickeln sich – je nach gesellschaftlichem Standort – Lebens- und Bildungswege und Persönlichkeiten, die ihre Fähigkeiten in jeweils individueller Weise ausbilden. Konkret geht es dabei gerade in der beschleunigten Welt um die Aufgabe, „einen persönlichen Weg zwischen zielgerichteter Effektivität und Entdeckung der Langsamkeit für sich zu formen" (Hastedt 2012, S. 25).

Vor diesem Hintergrund *erscheint die Rolle der Einzelnen als Lernende überfrachtet durch die Vorstellung ihrer Autonomie und die Rolle der Lehrenden gleichzeitig unterkomplex durch ihre Reduktion auf eine hauptsächlich beratende Funktion.* Diese Entwicklung des Bildungsverständnisses lässt sich zwar auf die „richtige() Einsicht" zurückführen, "dass das frontale, autoritäre, uniforme ‚Eintrichtern' des Stoffes den Bildungsprozess eher unterdrückt als fördert (...)" (Rosa 2016, S. 414), führt jedoch mit seiner überbetonten Autonomie der Subjekte als Lernende und seiner unterbetonten Autoritätsrolle der Lehrenden zu wiederum polarisierten Bildungskonzepten. Beide Aspekte legen die *Verantwortung für gelingende Bildungsprozesse allein auf die Seite der lernenden Subjekte* und fordern sie dazu auf, permanent aktiv und selbstgestaltend zu sein.

Klingovsky spitzt die Kritik an diesem individualisierten Bildungsverständnis aus einer poststrukturalistischen Perspektive noch weiter zu. Danach erscheint die gesteigerte Verantwortung der Subjekte für ein lebenslanges kompetenzorientiertes Bildungshandeln als maßlose Überhöhung des subjektiven Faktors, der eine Regulation bildungsrelevanter Prozesse durch „‘Selbstführung‘ der Lernenden" suggeriere und durch diese radikale Individualisierung „eine neue Form der Unterwerfung" hervorbringe (Klingovsky 2013, S. 5). Die professionelle Steuerung und Gestaltung von Lehr-Lernprozessen werde aufgegeben und abgelöst durch einen „pädagogischen Auftrag an die selbstverantwortlichen Subjekte" (ebd.). Dieser Auftrag fordere dazu auf, permanent flexibel und anschlussfähig zu sein. „In dieser strategischen Situation sind Subjektivität und Funktionalität für gesellschaftliche Zwecke nicht länger als entgegengesetzt anzusehen. Stattdessen verschmelzen sie zu einem Typ funktionaler Subjektivität" (ebd., S. 5f.). Aus dieser Perspektive sind auch der mit der Selbststeuerung verbundene Autonomiegedanke und eine damit suggerierte Machtfreiheit in Bildungsprozessen illusionär. „Wird externe Steuerung zugunsten der Selbstwerdung zurückgenommen, führt dies zu einer Transformation und nicht zu einer Aufhebung der Machtverhältnisse innerhalb von Lehr-Lern-Prozessen" (ebd., S. 1). Die Aufhebung einer professionellen Gestaltung von Lehr-Lern-Prozessen und ihre Ablösung durch beratende Unterstützung macht aus dieser Perspektive professionell pädagogisch Handelnde zu Erfüllungsgehilfen, die nicht mehr direkt auf Lernende einwirken, sondern auf deren Selbstführung.

Beschrieben wird damit eine Art neoliberaler Machttechnik, die die Psyche als Produktivkraft entdeckt und nicht zu einer größeren Selbstbestimmungsfähigkeit, sondern im Gegenteil zu einer *Ausbeutung der Freiheit des Subjekts* führt, das sich gleichzeitig von Zwängen befreit wähnt. „Wir glauben heute, dass wir kein unterworfenes Subjekt, sondern ein freies, sich immer neu entwerfendes, neu erfindendes Projekt sind. Dieser Übergang vom Subjekt zum Projekt wird vom Gefühl der Freiheit begleitet. Nun erweist sich dieses Projekt selbst als eine Zwangsfigur, sogar als eine effizientere Form der Subjektivierung und Unterwerfung. Das Ich als Projekt, das sich von äußeren Zwängen und Fremdzwängen befreit zu haben glaubt, unterwirft sich nun inneren Zwängen und Selbstzwängen in Form von Leistungs- und Optimierungszwang" (Han 2016, S. 9). Das sich in Bezug auf seine Bildungs- und Beschäftigungswege frei wähnende „Leistungssubjekt" wird als „Unternehmer seiner selbst" zum Knecht, der sich freiwillig ausbeutet und damit Freiheit verliert (ebd., S. 10f.). Voß und Pongratz untermauern diese aktuelle Argumentation bereits wesentlich früher empirisch mit ihrer Darstellung des „Arbeitskraftunternehmers" als neuen Typus von Arbeitskraft und dessen Merkmalen der Selbst-Kontrolle, Selbst-Ökonomisierung und Selbst-Rationalisierung (Voß und Pongratz 1998; Pongratz 2004).

An dieser Stelle sei zum Abschluss der Überlegungen ein kleiner Exkurs eingefügt, der zeigt, dass die Diskussion um Autonomie und Selbststeuerung von Bildung und Lernen kein Thema ist, das erst mit der europäischen Leitidee des lebenslangen Lernens entstanden ist.

Exkurs: Auf die Problematik, die eine autonomiebetonte Konzeptualisierung von Bildung mit sich bringt, macht Hannah Arendt bereits 1958 im Rahmen einer damaligen Debatte zur sog. „Krise der Erziehung" in der us-amerikanischen Welt der „progressive education" (Arendt 1958, S. 260ff.) aufmerksam. Sie analysiert eine Verschiebung der Autoritätsrolle von Erwachsenen auf die Kinder, die einhergeht mit der Vorstellung, dass „die Welt des Kindes beziehungsweise die Gesellschaft, welche die Kinder unter sich bilden, eigenständiger Art ist und es ihr überlassen bleiben muß, sich möglichst selbst zu verwalten (…) was unter anderem zur Folge hat, daß der Erwachsene dem einzelnen Kinde gegenüber hilflos und kontaktlos ist" (Arendt 1958, S. 260). Dieser Autoritätsverzicht geht, so Arendt kritisch, einher mit einem Verständnis von Lehren, das „sich völlig von dem eigentlichen Lernstoff emanzipierte" und die Fachausbildung der Lehrkräfte zugunsten der Rolle des Lehrens an sich vernachlässigt (ebd., S. 261). Dies führt „nicht nur dazu, daß die Schüler für das Lernen im

> Grunde auf sich selbst angewiesen sind, sondern daß die beste und legitimste Quelle der Autorität des Lehrers als der Person, die eben, wie man es auch dreht und wendet, doch mehr weiß und mehr kann als man selbst, sich nicht mehr geltend machen kann“ (ebd.). Verantwortlich für diese Entwicklung sieht Arendt damals eine pragmatistisch orientierte „moderne Theorie über das Lernen“, die weniger Gewicht auf die Vermittlung von Wissen legt als auf den Lernprozess selbst: „Der Grund, warum man keinen Wert darauf legte, daß der Lehrer sein Fach beherrschte, war, daß man ihn zwingen wollte, die Tätigkeit des Lernens dauernd neu zu produzieren, damit er nicht, wie man meinte, ‚totes Wissen‘ weitergäbe, sondern ständig zeige, wie es gemacht wird“ (ebd.). Für Arendt geht mit dieser Entwicklung eine *Aufgabe der Verantwortung der Erwachsenen für die Welt* einher (ebd., S. 269).

Bezogen auf die gegenwärtige Situation lässt sich zwar keine direkte Parallele herstellen, aber es zeigen sich deutliche Ähnlichkeiten in der Struktur der Argumentation, mit der Bildungskonzepte des lebenslangen Lernens ebenfalls a priori auf ein autonomiebetontes Konzept von Bildung setzen und auf eine damit einhergehende Verantwortung der Einzelnen für ihre Bildungserfolge – und dies bezogen auf alle Altersgruppen. Dieser Anspruch wird flankiert durch Beratung, der eine zentrale Unterstützungsfunktion für die Selbstgestaltung zugewiesen wird. Diese auf Kontinuität angelegte Verbindung von Bildung mit Beratung wirft nun, das wurde bereits an einigen Stellen sichtbar, einige offene Fragen auf, auf die ich im Folgenden näher eingehe.

3.2 Bildungsberatung als lebenslanger Prozess vor dem Hintergrund selektiver Bildungsstrukturen

Mit der Autonomiebetonung in Bildungsprozessen wird bildungspolitisch ein „besonderes Augenmerk auf die lebenslange Bildungsberatung gerichtet“ (Rat der EU 2008, S. 4), während das Lehren in den Hintergrund rückt. Der proklamierte Anspruch der Europäischen Union an Beratung im Bildungskontext suggeriert eine Unterstützung für alle: „Vor dem Hintergrund des lebensbegleitenden Lernens erstreckt sich Beratung auf eine Vielzahl von Tätigkeiten, die Bürger jeden Alters in jedem Lebensabschnitt dazu befähigen, sich Aufschluss über ihre Fähigkeiten, Kompetenzen und Interessen zu verschaffen, Bildungs-, Ausbildungs- und Berufsentscheidungen zu treffen sowie ihren persönlichen Werdegang bei der Ausbildung, im Beruf und in anderen Situationen, in denen diese Fähigkeiten und Kompetenzen erworben und/oder eingesetzt werden, selbst in die Hand zu nehmen“ (Rat der Europäischen Union 2004, S. 2). Diese Befähigungsabsicht wird verbunden mit einem weit gefassten Beratungsverständnis. Es umfasst „ein Spektrum von individuellen und kollektiven Maßnahmen und beinhaltet Information, Ratschläge, Beurteilung von Fähigkeiten, Unterstützung sowie Vermittlung der für Entscheidungsfindung und Laufbahngestaltung erforderlichen Kompetenzen“ (Rat der Europäischen Union 2008, S. 3).

Eine *beratende Kommunikation unterscheidet sich strukturell von Kommunikations- und Interaktionsmustern in Lehr- und Lernprozessen* und basiert auf spezifischen Kontextfaktoren (Schützeichel 2004, S. 273ff.; Enoch 2013, S. 139). Grundlegend ist, dass die Lehre in der Schule, Hochschule oder Weiterbildungsinstitutionen eine Orientierung an inhaltlichen Lernzielen umschließt, während Beratung ergebnisoffen ist und eine konstitutiv unbestimmte, reflexive Situationsbewältigung der zu Beratenden voraussetzt.

In frühen Texten der 1960er Jahre zur Beratung im Rahmen der Pädagogik wird Beratung konstituiert als – die freie Entscheidung der Klienten zu Grunde legende – Hilfeform zum Ausdruck einer gesellschaftlichen Emanzipation und Demokratisierung (Gröning 2012, S. 214). Mollenhauer, dessen Überlegungen zur Beratung vor allem aufgrund ihrer theoretischen Verhältnisbestimmung im Rahmen von Erziehung und Bildung bis heute relevant sind, hebt den „pädagogischen Sinn“ einer Beratung hervor, der darin liege, Selbsttätigkeit, Produktivität und Phantasie des Ratsuchenden anzusprechen. „Eine Beratung, die das Nein des Ratsuchenden nicht duldet oder ihm diese Möglichkeit nicht beständig ernsthaft zugesteht, verfehlt damit ihren Bildungssinn“ (Mollenhauer 1964, S. 113). Er beschreibt Beratung als ein „durchgehendes Moment aller sozialpädagogischen Erziehungstätigkeit“, gerichtet auf Bildung, Selbsterkenntnis und Veränderung (ebd., S. 115), deren „entscheidende Funktion“ darin liegt, „daß sie kritische Aufklärung sein kann“ (ebd., S. 114). Das zugrundeliegende Bildungsverständnis ist ein klassisch humanistisches, bei dem Selbstbildung im Mittelpunkt steht. Mollenhauer geht davon aus, dass Beratung Information enthält und dass das Subjekt diese Information „im Akt der Selbstaufklärung (...) in ein kritisches Selbst- und Weltverhältnis umsetzt“ (ebd., S. 115). Zielgruppen sind sowohl Erwachsene (vor allem Eltern) als auch Jugendliche.

In diesem Verständnis setzt Beratung eine besondere Situation voraus und ist nicht Teil des alltäglichen Erziehungsprozesses. „Es sind herausgehobene Momente, in denen die Probleme verdichtet hervortreten oder eine besonders dringliche Frage die Unterbrechung des Gewohnten erheischt. Die Beratung beginnt mit einer Frage. (...) Eine Beratungssituation ist eine Ernstsituation. Auch insofern ist sie aus dem alltäglichen Erziehungsgeschehen herausgehoben. Für den Ratsuchenden bedeutet sie die Vorbereitung einer Entscheidung. Er will aus einer Aporie heraus.

(...) Man erwartet nicht, erzogen zu werden, keine Anweisungen, keine Vorschriften. In dieser Offenheit liegt die Fruchtbarkeit der Situation“ (Mollenhauer 1964, S. 112).

Vierzig Jahre später entwickelt Schützeichel (2004) in seinen „Skizzen zu einer Soziologie der Beratung“ eine handlungsfeldübergreifende Verhältnisbestimmung der Beratung. Er diagnostiziert, dass Beratung als „soziales Phänomen“ für die Gesellschaft inzwischen konstitutiv wird (ebd., S. 7f.), wobei gleichzeitig die „phänotypische Gestalt von Beratungen in den verschiedenen sozialen Kontexten (sehr) divergiert“, so dass sie nicht „auf ‚den Begriff zu bringen‘“ ist. Deshalb schlägt er im Anschluss an Max Weber eine idealtypische Bestimmung vor (ebd., S. 274) und fasst Beratung – im Grundsatz ähnlich wie es Mollenhauer im Rahmen der Pädagogik unternimmt – als eine „kommunikative Gattung“, die durch spezifische Erwartungsstrukturen konstituiert ist.[16] „Dabei handelt es sich um institutionalisierte, gegen andere Kommunikationsweisen in sozialer, sachlicher und zeitlicher Form abgrenzbare Einheiten, die aus dem Fluss der alltäglichen Kommunikation herausragen“ (Schützeichel 2004, S. 274).

Eine konstitutive Erwartungsstruktur in zeitlicher Hinsicht ist, dass Beratungen befristet sind. Sie können kurz oder länger ausgedehnt sein, sind „aber alle rigide auf einen Anfang und ein Ende festgelegt (...)“ (Schützeichel 2004, S. 276). In der Sache beziehen sie sich auf „Problemstellungen und deren Lösung durch Entscheidungen“ (ebd.). Eine „Wissensasymmetrie“ zwischen Beratenden und zu Beratenden versetzt letztere zwar in sozialer Hinsicht – ebenso wie im Verhältnis zwischen Lehrenden und Lernenden – in eine Abhängigkeit (Schützeichel 2004, S. 275f.). Diese Abhängigkeit wird jedoch durch die Unverbindlichkeit und Freiwilligkeit der Beratung relativiert bzw. aufgelöst. Sie richtet sich an einem Beratungsbedürfnis aus, konstituiert die Nachfragenden als Entscheidungsträger und damit als allein verantwortlich für die Ergebnisse. Bewertungen, wie sie etwa zur Rolle der Lehrenden gehören, sind nicht vorgesehen.

Die Betonung des Nichtalltäglichen der Beratungskommunikation, wie sie sowohl in Mollenhauers als auch in Schützeichels Ausführungen zentral sind, unterscheidet sich deutlich vom gegenwärtigen bildungspolitischen Beratungsverständnis im Rahmen lebenslangen Lernens. Hier wird Beratung als struktureller Bestandteil eines kontinuierlichen Bildungsvorganges verstanden und Bildungsberatung umfassend bezogen auf die Unterstützung einer den Bildungs- und Berufsweg insgesamt betreffenden Kompetenzentwicklung. Aus der Perspektive eines Beratungsverständnisses, das auf „dringende Fragen“ und „verdichtete Probleme“

16 Schützeichel lehnt sich hier an Luckmanns (1986) Definition von kommunikativen Gattungen an.

gerichtet ist (s.o.), wird damit – zugespitzt formuliert – die Krisensituation zum Regelfall gemacht. Eine mit Beratungsanlässen verbundene „emotionale Brisanz", die die Unterbrechung des Alltags notwendig macht, um Veränderungen zu erzielen, ist kein expliziter Bestandteil dieses Beratungsverständnisses (Enoch 2013, S. 132).

Vorliegende Beratungsansätze und Konzepte im Bereich von Bildung und Weiterbildung nehmen ebenfalls diese Tendenz auf, Beratung lebenslaufbezogen zu konzipieren. Erkennbar ist diese Entwicklung bereits in Giesekes (2000) Typisierung von Beratung im Weiterbildungskontext (Gieseke und Opelt 2004). Deutlicher hervor tritt sie dann in der von Arnold und Mai (2009) entwickelten „Fünf-Felder-Matrix" zur Bildungsberatung in der Erwachsenenbildung und im „Hamburger Strukturmodell für Bildungsberatung", das de Cuvry, Kossack und Zeuner (2009) – ebenfalls im Bereich der Weiterbildung – vorlegen.

Enoch verfolgt konzeptübergreifend eine „Theorie der Beratung im Lebenslauf" (2013, S. 127ff.). Der Lebenslaufbezug habe sich „zu einem Paradigma in den Bildungswissenschaften und im Bereich der Erwachsenenbildung/Weiterbildung entwickelt und (auch) die Beratungsforschung beeinflusst. Die Auswirkungen des Konzeptes vom lebenslangen Lernen und der lebensbegleitenden Beratung auf die bildungswissenschaftliche Theoriediskussion sind umfassend" (Enoch 2013, S. 138). Damit einher geht ein Verständnis von Beratung im Lebenslauf, das „immer das Individuum in seiner persönlichen Entwicklungsperspektive im Blick (hat), die Kompetenzorientierung wie die Ressourcenorientierung verweisen letztlich auf das Individuum selbst, es kann und soll seine erworbenen Kompetenzen selbstbestimmt für seine Belange und Wünsche einsetzen" (ebd., S. 139).

Mit einer solchen strukturellen Verknüpfung von Beratung mit einem autonomiebetonten lebenslangen Lernen lässt sich Beratung nun zwar ebenfalls als ein „Situationstyp" beschreiben, „in dem der Ratsuchende nicht in der Rolle des ‚Zöglings', des ‚Schülers' oder in weniger definierter Weise Erziehungsbedürftigen auftritt, sondern als jemand, der zu selbstständiger Entscheidung und Lebensführung fähig ist" (Mollenhauer 1965, S. 27). Aber *Entscheidungsfreiräume des Subjekts sind jetzt an individuelle Fähigkeiten zur selbstreflexiven und selbstdisziplinierenden Kompetenz- und Ressourcenvermarktung bei Bildungs- und Weiterbildungsentscheidungen gebunden*. Ziele von Bildung mit Beratung sind eingebettet in gesellschaftliche Individualisierungsprozesse, die zwar – vom bildungspolitischen Anspruch her – eine relativ große Freiheit von direkter Fremdbestimmung mit sich bringen. Mit dieser Freiheit geht jedoch gleichzeitig eine Tendenz zur „Standardisierung von Kompetenzbiografien" einher (Grundmann et al. 2010, S. 69; vgl. Kapitel 3.1). „Es geht hier nicht mehr um die Aneignung im Sinne eines kritischen Verhältnisses von Subjekt und gesellschaftlicher Umwelt, sondern um Bewältigung: Jeder muss sehen, wie er zurechtkommt und mithalten kann" (Böhnisch 2017, S. 162f.). Gesellschaftliche *Bildungsverhältnisse haben sich damit maßgeblich verändert und Aufklärungsideen eines klassischen humanistischen Bildungsverständnisses spielen darin keine tragende Rolle mehr.*

Die suggerierte Freiheit zur Gestaltung von Bildungschancen ist darüber hinaus, wie bereits deutlich wurde, nicht für alle gleich, sondern an soziale Voraussetzungen gebunden. Soziale Ungleichheiten im Bildungs- und Weiterbildungssystem scheinen durch „individuelle Wahlfreiheiten" und durch die Implementierung eines diese Freiheiten unterstützenden, auf Dauer gestellten Beratungsangebotes allein nicht maßgeblich beeinflusst zu werden.

Die ungebrochene Reproduktion sozialer Ungleichheiten im Bildungssystem, der Trend in der Weiterbildungsbeteiligung vor allem von höher Qualifizierten mit Hochschulabschluss und der zu verzeichnende Rückgang der Teilnahmequote an Weiterbildungsberatung (Kuwan und Seidel 2013, S. 242; Bundesministerium für Bildung und Forschung 2015, S. 52; vgl. Kapitel 1) weisen auf einen tendenziellen Ausschluss all derjenigen hin, die den Bildungs- und Weiterbildungsanforderungen – aus welchen Gründen auch immer – nicht nachkommen. Sie geraten mit einer leistungsbezogenen Kompetenz- und Ressourcenorientierung gar nicht erst ins Blickfeld. Damit ist die Praxis von Bildungsberatung im Rahmen eines kompetenzorientierten lebenslangen Lernens an dieser Stelle mit der Frage konfrontiert, „inwiefern sie durch ihre Praktiken diese Ausschlüsse noch verstärkt oder inwiefern sie ihnen aktiv entgegenwirken kann" (Dausien 2011, S. 35). Sie ist mit der widersprüchlichen Anforderung verbunden, dass auf der einen Seite „die quantitative Steigerung des Outcomes vermeintlich zentral ist", während es auf der anderen Seite darum geht, „besser informierte und individuell passendere Bildungsentscheidungen zu treffen, was auch heißen kann, (aktuell) nicht an Bildung teilzunehmen" (Käpplinger und Maier-Gutheil 2015, S. 177). Bezogen auf Jugendliche und Heranwachsende im Bildungs- und Ausbildungssystem wird diese Aufgabe auch „im sogenannten Übergangssystem" (Bude 2013, S. 127) nicht erfüllt, das bisher große Teile der Jugendlichen und Heranwachsenden ohne Schulabschluss oder mit Hauptschulabschluss auffängt.

Die Zurichtung von Bildungsberatung auf Kompetenzen und Ressourcen scheint also an Bedingungen gebunden zu sein, die eine Herkunftsselektivität ihrer Nutzerinnen und Nutzer (Mittelschichtsbias) vermuten lassen. Sie setzt auf der Seite derjenigen, die sie in Anspruch nehmen, sprachliche Kommunikationsfähigkeit, Reflexions-, Handlungs- und Entscheidungsfähigkeit voraus, ebenso wie eine individuelle Offenheit für dieses Beratungsformat, die beeinflusst wird von Vorstellungen und Erfahrungshintergründen mit Beratung als Hilfeform in den eigenen Lebenszusammenhängen. Und sie setzt bei denjenigen, die die Beratung durchführen, ihre Anschlussfähigkeit an diese jeweils spezifische Lebenssituation und alltagsweltliche Handlungspraktiken der zu Beratenden voraus (vgl. Kapitel 2). Erst dann kann ein Beratungsprozess zu einem Resonanzraum werden, in dem es zu „dichten Interaktionsprozessen" (Rosa 2016, S. 403) über bildungs- und berufsbezogene Fragen kommt. Diese Interaktionsprozesse richten sich auf persönliche Bedürfnisse und emotional bedeutsame Themen und sind grundlebend auf ein Vertrauen angewiesen, das sich nicht nur auf die Problemlösungskompetenz richtet, sondern „vor allem auch in das ‚interesselose Wohlgefallen' des Ratgebers. Das Vertrauen in eine Beratung würde zerstört, wenn der Ratsuchende die Empfehlungen des Beraters in der Weise als strategisch motiviert erleben würde, dass dieser ein eigenes Interesse an einer spezifischen Entscheidung hat" (Schützeichel 2004, S. 277). Mit den Ergebnissen der eigenen Fallstudien im Bildungskontext (vgl. Kapitel 2) lässt sich dieser Aspekt weiter differenzieren: Insbesondere wenn es um persönlich existentielle Fragen und Probleme geht, die als Notlagen erlebt werden, spielt die vertrauensvolle Beziehung zwischen Beratenden und Beratenen eine zentrale Rolle.[17]

Diesen Voraussetzungen kann ein Konzept von Bildungsberatung als ein bildungspolitisches Instrument, das eine leistungsbezogene, lebenslange Kompetenz- und Ressourcenentwicklung fokussiert, nicht genügen. Selbstbestimmung bezieht sich hier auf die funktionalen Fähigkeiten des Individuums, sich dem gesellschaftlichen „Prozess der Dynamisierung (oder des Immer-schneller-in-Bewegung-Setzens) der materiellen, sozialen und geistigen Verhältnisse" (Rosa 2016, S. 673) anzupassen. Der umfassende Anspruch an eine jeweils individuelle Befähigung aller Bürgerinnen und Bürger, mit Beratung ihren „persönlichen Werdegang" kompetenzorientiert „selbst in die Hand zu nehmen" beinhaltet eine *einseitige Verantwortungszuschreibung für eine Handlungsfähigkeit zu Lasten der Subjekte und eine Instrumentalisierung des Beratungsbegriffs*, wenn nicht gleichzeitig die gesellschaftlichen Zustände daran gemessen werden, ob und wie sie den Einzelnen ermöglichen, ihre persönlichen und sozialen Ziele mit Bildung zu verwirklichen. Die prinzipiell offenen Strukturen von Beratung werden begrenzt durch außengeleitete Maßstäbe für gesellschaftlichen Erfolg, der gegenwärtig vor allem durch einen möglichst hohen Schulabschluss und eine akademische Ausbildungsausrichtung gekennzeichnet ist. Eine Offenheit für Differenz, für subjektive Normalitätskonstruktionen, die außerhalb dieser Orientierung liegen, entsteht so nicht.

Die Fähigkeit zu einer selbstbestimmten Gestaltung von Interessen und Kompetenzen impliziert die Freiheit des Subjekts, seine Chancen und Handlungsspiel-

17 Zur Struktur und Dynamik von Berater-Klient-Beziehungen vgl. Fuhr 2003, S. 32ff.

räume zu erkennen und zu ergreifen. Diesen Prozess zu unterstützen, setzt voraus, dass an real existierende Bildungsverhältnisse und ihre (ungleichen) Zugangsstrukturen ebenso angeknüpft wird wie an Sozialisationsprozesse und damit verbundene konkrete Bildungserfahrungen der Einzelnen. Vor diesem Hintergrund erweist sich ein Ansatz von Bildungsberatung, der programmatisch an eine Kompetenz- und Ressourcenorientierung im Bildungssystem anschließt, als verkürzt auf die Befähigung zur funktionalen Leistungsoptimierung und schließt Gesellschaftsmitglieder und Orientierungen aus, die diesem Maßstab nicht entsprechen. Gesellschaftliche Spaltungsprozesse werden damit m.E. forciert.

Diese funktionale Ausrichtung von Bildungsberatung wird deshalb im Folgenden erweitert durch ihre theoretische Orientierung an einer Fähigkeitenperspektive, die eine Unterstützung und Befähigung der Subjekte auf ein erweitertes Verständnis von Handlungsfähigkeit gründet. Grundlegend dafür ist der gerechtigkeits- und ungleichheitstheoretisch fundierte Capability-Approach (Befähigungs- bzw. Fähigkeitenansatz). Mit ihm wird ein theoretischer und evaluativer Maßstab für Beratung im Bildungskontext vorgeschlagen, der durch seine Ausrichtung auf erweiterte, selbstbestimmte Entfaltungsmöglichkeiten ein emanzipatorisches Bildungsverständnis impliziert. Die tatsächlichen Entfaltungsmöglichkeiten des Subjekts im sozialen Vergleich mit anderen werden zu einem Maßstab der Kritik an realen Bildungsverhältnissen und -praktiken.

4 Erweiterung von Entfaltungsmöglichkeiten als Leitlinie eines ungleichheitskritischen Beratungsverständnisses

Die in den vorangegangenen Kapiteln vorgestellten empirischen und theoretischen Erkenntnisse haben deutlich gemacht, dass Bildungsprozesse und eine darauf bezogene Beratung mit komplexen Herausforderungen verbunden sind, sobald sie konkret auf einzelne Menschen in ihren jeweiligen Lebensbezügen bezogen werden. Insbesondere dann, wenn es darum geht, Möglichkeiten zu einer Selbstgestaltung von Bildungswegen im Sinne chancengerechterer gesellschaftlicher Teilhabe zu fördern, sind Beratungskonzepte auf einen eigenen theoretischen und evaluativen Maßstab zum Verständnis von Chancengerechtigkeit, Befähigung, Bildung und Beratung verwiesen – zumindest dann, wenn ein professioneller Handlungsmodus vorausgesetzt wird.

Grundlegend für eine Auseinandersetzung mit Maßstäben für Chancengerechtigkeit und Befähigung zur Gestaltung von Bildungsprozessen sind die gerechtigkeits- und ungleichheitstheoretisch fundierten Arbeiten im Rahmen des von Amartya Sen und Martha Nussbaum entwickelten Capability-Ansatzes, übersetzt als „Befähigungsansatz“ (Sen 2013) oder „Fähigkeitenansatz“ (Nussbaum 1999, 2000, 2010).[18] Dieser Ansatz zielt, ausgehend von anthropologischen Grundannahmen und menschenrechtlichen Grundsätzen der zu achtenden menschlichen Würde, auf die Perspektive eines guten Lebens, eines Wohlergehens der Menschen. Zentraler Fokus sind dabei weniger individuelle Zustände innerer Zufriedenheit als vielmehr die gesellschaftlichen Bedingungen, „die für eine Teilhabe an Möglichkeiten eines guten Lebens unverzichtbar und dazu geeignet sind, Individuen

18 Beide Begriffe werden im Folgenden synonym verwendet.

G. Siller, *Professionelle Bildungsberatung*, Edition Professions- und Professionalisierungsforschung 9,
https://doi.org/10.1007/978-3-658-19544-1_4

zu befähigen, sich ‚für ein gutes Leben und Handeln', einen konkreten eigenen individuellen oder kollektiven Lebensentwurf entscheiden zu können" (Otto et al. 2010, S. 154).

Vor allem Martha Nussbaum verfolgt dabei das Interesse, Grundlagen einer Theorie basaler menschlicher Ansprüche zu entwickeln, „die von allen Regierungen als von der Menschenwürde gefordertes absolutes Minimum geachtet und umgesetzt werden sollten" (Nussbaum 2014, S. 104). Sie rückt auf der Basis der Vorstellung eines der Menschenwürde entsprechenden Lebens menschliche Fähigkeiten ins Zentrum des Interesses. *Fähigkeiten werden dabei verstanden als Entfaltungsmöglichkeiten zur Realisierung individueller Lebensentwürfe*, also als das, „was die Menschen tatsächlich zu tun und zu sein in der Lage sind" (ebd.).

Diese Idee wird in Abgrenzung zu ökonomisch-utilitaristischen Theorien in der Ungleichheitsforschung entwickelt, welche Entwicklungsziele und Gleichheitsvorstellungen – so die Kritik – einseitig ökonomisch definieren. Angeführt werden unterschiedliche Mängel utilitaristischer Ansätze, die sich an einem Subjektverständnis orientieren, das sich am individuellen Nutzen ausrichtet und bei dem „Subjekte allein als rationale Nutzenmaximierer" (Otto et al. 2010, S. 148) definiert werden. Als grundlegend fehlleitend gilt das in der internationalen Politik verbreitete Vorgehen zur Messung von Lebensqualität, „Staaten nach ihrem Pro-Kopf-Bruttosozialprodukt einzustufen" (Nussbaum 2014, S. 106; Sen 2013, S. 258f.; S. 281ff.). Nussbaum betont die geringe Aussagekraft dieser an Durchschnittswerte des Vermögens und Einkommens bezogenen Ansätze, die „nicht jede Person als Zweck an sich (verstehen), sondern durchaus bereit (sind), es zur Beförderung eines gesamtgesellschaftlichen Guts zuzulassen, daß einige Menschen zur Bereicherung anderer instrumentalisiert werden" (Nussbaum 2014, S. 106). Das Verfahren vernachlässige wesentliche Aspekte menschlichen Lebens, die nicht über Vermögen und Einkommen erfasst werden, gleichwohl aber elementare Konstitutionsbedingungen darstellen, „selbst wenn man die Verteilung mit einbezieht: Zu nennen wären hier unter anderem die Lebenserwartung, die Kindersterblichkeit, Ausbildungsmöglichkeiten, politische Freiheiten sowie die Qualität der Beziehungen zwischen den ethnischen Gruppen und den Geschlechtern" (ebd., S. 107).[19]

Den Gesamt- und Durchschnittsnutzen einer Bevölkerung an ihrer durchschnittlichen Zufriedenheit zu messen, bietet aus der Perspektive des Fähigkeite-

19 An dieser Stelle scheint die ursprüngliche Zielsetzung des Capability Approach durch. Sen entwickelte den Ansatz in den 1980er Jahren zur Bekämpfung von Armut im Bereich der Entwicklungspolitik in wenig entwickelten Gesellschaften Asiens, Afrikas und Südamerikas.

nansatzes ebenfalls keine Alternative, weil Einzelpersonen, „verschiedene Typen von Menschen und deren relative soziale Position“ nicht erfasst werden (Nussbaum 2014, S. 107). Vor allem marginalisierte oder sozial benachteiligte Menschen geraten hier aus dem Blick. So wird das Modell der Aggregation eines Nutzens über verschiedene Komponenten des Lebens – Freiheit, ökonomisches Wohlergehen, Gesundheit und Bildung – als grundlegend problematisch gesehen, da es „sich bei diesen Dingen (…) um separate Güter (handelt), die bis zu einem gewissen Grad auch unabhängig voneinander variieren“ (Nussbaum 2014, 107f.).[20] Der Maßstab der Zufriedenheit sagt angesichts der Formbarkeit menschlicher Bedürfnisse nichts darüber aus, was die Einzelnen „tatsächlich zu tun und zu sein im Stande sind. Menschen passen ihre Präferenzen an das an, was sie glauben erreichen zu können, und an das, was die Gesellschaft als angemessen für Menschen wie sie darstellt. Frauen und andere sozial benachteiligte Menschen haben häufig solche ‚adaptiven Präferenzen‘, die unter ungerechten Hintergrundbedingungen ausgebildet werden. Diese Präferenzen tragen für gewöhnlich zur Legitimation des Status quo bei“ (ebd., S. 108).

Ein gutes Leben entscheidet sich vor diesem Hintergrund also weder allein über Ressourcen wie Einkommen oder Besitz, noch über subjektive Zufriedenheit, sondern ebenso über faktisch realisierbare Handlungs- und Entscheidungsfähigkeiten der Einzelnen. Mit Bezug auf Marx betont Nussbaum, „daß es viele Fähigkeiten gibt (und nicht nur eine), auf die alle Bürgerinnen und Bürger einen Anspruch haben, und daß es sich dabei um Möglichkeiten des Tätigseins handelt, und nicht einfach um Mengen von Ressourcen“ (Nussbaum 2014, S. 110). Zugangschancen zu Ressourcen sind eine wichtige Grundbedingung, aber nicht die einzige Voraussetzung für individuelle Entfaltungsmöglichkeiten. „Der Befähigungsansatz konzentriert sich auf das Leben, das Menschen führen können, und nicht auf ihre Ressourcen, das heißt den Besitz – oder die Nutzung – von Bedarfsgütern, über die sie verfügen“ (Sen 2013, S. 281). Die Bedeutung von Ressourcen dafür, was Menschen zu tun und zu sein in der Lage sind, ist relativ, „weil Menschen diese Ressourcen in unterschiedlichem Maße bedürfen und auch nicht alle gleichermaßen in der Lage sind, sie in Tätigkeiten zu übersetzen. Zwei Menschen mit einer ähnlichen Ressourcenausstattung können sich in den für soziale Gerechtigkeit entscheidenden Hinsichten tatsächlich erheblich unterscheiden“ (Nussbaum 2014, S. 110f.).

An dieser Stelle erfahren ressourcenorientierte Ansätze eine Kritik. Ihnen wird zwar zugutegehalten, dass sie Rechte, Freiheiten, Ressourcen und Grundgüter als notwendige Voraussetzung zur Begründung von Gerechtigkeit zu Grunde legen.

20 Nussbaum bezieht sich hier auf regionale Vergleichsanalysen von Drèze und Sen (1995, 1997).

Sie lassen jedoch – so die Kritik – weitgehend unberücksichtigt, dass die prinzipiell durch Ressourcen oder Grundgüter eröffneten Möglichkeiten nicht von allen gleichermaßen genutzt werden können. Auch Rosas resonanztheoretische Perspektive lässt sich an diese Kritik anschließen, wenn er betont: „Genauso wenig, wie eine gute Ressourcenausstattung gelingende Kunst garantiert oder von sich aus schon produziert, garantiert eine gute Ressourcenausstattung schon ein gelingendes Leben" (Rosa 2016, S. 16).

Soziale Gerechtigkeit bemisst sich im Capability-Ansatz „an der Befähigung einer Person, die Dinge zu tun, die sie mit gutem Grund hochschätzt. Hat eine Person geringere Befähigung – weniger reale Chancen – als eine andere, die Dinge zu tun, die sie mit Grund hoch bewertet, wird ihr Vorteil niedriger eingeschätzt. Der Schwerpunkt liegt hier auf der tatsächlichen Freiheit der Person, dies oder jenes zu tun – Dinge, die ihr wichtig sind" (Sen 2013, S. 259). Individuelle Verwirklichungschancen werden also zur entscheidenden Informationsbasis für die Einschätzung sozialer Gerechtigkeit.[21]

Übertragen auf das Bildungsberatungsthema heißt das: *Die Flexibilisierung von Zugängen zu (Aus-)Bildung und Weiterbildung durch eine Kompetenzen- und Ressourcenorientierung und ein diesbezügliches Angebot an Beratung sagen noch nichts darüber aus, inwieweit diese vergrößerten Optionsräume der Bildung und Weiterbildung mit Beratung von einzelnen Subjekten in ihren jeweiligen Lebensverhältnissen annehmbar und umsetzbar – in Tätigkeiten übersetzbar – sind. Sie haben soziale Ungleichheiten im Bildungssystem nicht aufgelöst.* Das bestätigen vorliegende Studien in der Bildungs- und Weiterbildungsforschung zur Nutzung von Beratung kontinuierlich bis heute (vgl. Kapitel 2 und Kapitel 3.2).

Im Mittelpunkt stehen also „Freiheitsgrade der Erreichbarkeit" dahingehend, Optionen eines guten Lebens zu entwickeln und umzusetzen (Böhnisch 2017, S. 156). Um diese Freiheitsgrade zu analysieren, trennt Sen zwischen Funktionsweisen (functionings) und Befähigungen im Sinne von Verwirklichungsfreiheiten bzw. Entfaltungsmöglichkeiten (capabilities). Funktionsweisen sind Zustände, Handlungen und Beziehungsformen („beings and doings"), die Menschen jeweils für ihr eigenes Leben erreicht haben und als wertvoll erachten. Die Befähigung, um die es Sen geht, „ist unser Vermögen, vielfältige Kombinationen von Funk-

21 Als „Informationsschwerpunkt" bezeichnet Sen den Beurteilungsmaßstab, den er auswählt, um über die Frage nach Gerechtigkeit und Ungerechtigkeit in einer Gesellschaft zu entscheiden (Sen 2013, S. 159). Die Wirksamkeit seines analytischen Zuschnitts auf Befähigungen leitet Sen daraus ab, dass „die Informationen, auf die sich der Befähigungsansatz konzentriert, starken Einfluss auf die Bewertung von Gesellschaften und sozialen Institutionen ausüben (können), und genau darin besteht sein Hauptbeitrag" (Sen 2013, S. 260).

tionsweisen zu bewerkstelligen, die wir nach Maßgabe dessen, was wir mit gutem Grund hochschätzen, miteinander vergleichen und gegeneinander abwägen können" (Sen 2013, S. 260f.).[22] Ein gutes Leben bemisst sich also nicht daran, welches Leben ein Subjekt konkret führt (functionings), sondern an der Vielfalt von Funktionsweisen, die es kombinieren kann, an den realen Freiheiten und Handlungsspielräumen, die es für seine Lebensführung hat oder nicht hat. Befähigungen im Sinne von Verwirklichungschancen (capabilities) richten sich somit auf die „tatsächlichen Fähigkeiten von Menschen, in dem ihnen zugänglichen Bereich unterschiedliche Lebensformen für sich auszuwählen; diese Idee lenkt die Aufmerksamkeit nicht lediglich auf das, was als Abschluss oder Nachwirkung der Wahl beschrieben werden könnte" (Sen 2013, S. 264f.). Das realpolitische Ziel des capability-Ansatzes besteht darin, eine Emanzipation individueller Lebensführung ebenso zu fördern wie darauf zugeschnittene „Transformationen bestehender Sozialformationen zur egalitären Teilhabe" (Grundmann et al. 2013, S. 127).

So verstanden bietet der Befähigungsansatz einen normativen und evaluativen Maßstab für die Praxis der Bildungsberatung als ein Handlungsfeld sowohl der Pädagogik als auch der Sozialen Arbeit. Dieser Maßstab richtet sich auf „das reale – und ggf. durchaus empirisch bestimmbare – Ausmaß und die Reichweite des eröffneten Spektrums effektiv realisierbarer und hinreichend voneinander unterscheidbarer Möglichkeiten und Handlungsbemächtigungen, über die Subjekte verfügen, um das Leben führen zu können, welches sie mit guten Gründen erstreben" (Otto und Ziegler 2017, S. 249).

Die Erweiterung potentieller Fähigkeiten von Menschen kann nun ausgesprochen vielfältig sein. Die Perspektive des Befähigungsansatzes muss „unausweichlich eine Vielfalt verschiedener Kennzeichen unserer Lebensführung und unserer Anliegen erfassen" (Sen 2013, S. 260). Anders als Sen, der an dieser Stelle keine konkrete Festlegung spezifischer Fähigkeiten vornimmt, wohl aber betont, dass sie kontextspezifisch (z. B. in Bezug auf differente kulturelle Zusammenhänge) zu interpretieren sind, entwirft Martha Nussbaum eine Liste von zentralen menschlichen Fähigkeiten, die aus ihrer Sicht „den wesentlichen Anforderungen an ein menschenwürdiges Leben entsprechen" (Nussbaum 2014, S. 111). Ihre Liste umfasst (derzeit) die folgenden Fähigkeiten:

22 Sen unterscheidet zwischen individuellen Befähigungen im Sinne des Vermögens, individuelle Funktionsweisen zu nutzen, und seiner Ausrichtung des Befähigungsansatzes auf das Vermögen, „verschiedene *Kombinationen* hoch bewerteter Funktionsweisen zu bewerkstelligen" (Sen 2016, S. 261; Hervorh. i.O.). Im Rahmen seiner Armutsforschung macht er dies beispielhaft konkret an einer möglicherweise notwendigen Güterabwägung „zwischen der Befähigung einer Person, sich gut zu ernähren, und ihrer Befähigung, sich eine gute Unterkunft zu verschaffen (…)" (ebd.).

1. „Leben: Die Fähigkeit, ein menschliches Leben normaler Dauer bis zum Ende zu leben; nicht frühzeitig zu sterben und nicht zu sterben, bevor dieses Leben so eingeschränkt ist, daß es nicht mehr lebenswert ist.
2. Körperliche Gesundheit: Die Fähigkeit, bei guter Gesundheit zu sein, wozu auch die reproduktive Gesundheit, eine angemessene Ernährung und eine angemessene Unterkunft gehören.
3. Körperliche Integrität: Die Fähigkeit, sich frei von einem Ort zum anderen zu bewegen; vor gewaltsamen Übergriffen sicher zu sein, sexuelle Übergriffe und häusliche Gewalt eingeschlossen; Gelegenheit zur sexuellen Befriedigung und zur freien Entscheidung im Bereich der Fortpflanzung zu haben.
4. Sinne, Vorstellungskraft und Denken: Die Fähigkeit, die Sinne zu benutzen, sich etwas vorzustellen, zu denken und zu schlußfolgern – und dies alles auf jene ‚wahrhaft menschliche' Weise, die von einer angemessenen Erziehung und Ausbildung geprägt und kultiviert wird, die Lese- und Schreibfähigkeit sowie basale mathematische und wissenschaftliche Kenntnisse einschließt, aber keineswegs auf sie beschränkt ist. (…)
5. Gefühle: Die Fähigkeit, Bindungen zu Dingen und Personen außerhalb unserer selbst aufzubauen; die Fähigkeit, auf Liebe und Sorge mit Zuneigung zu reagieren und auf die Abwesenheit dieser Wesen mit Trauer; ganz allgemein zu lieben, zu trauern, Sehnsucht, Dankbarkeit und berechtigten Zorn zu fühlen. Die Fähigkeit, an der eigenen emotionalen Entwicklung nicht durch Furcht und Ängste gehindert zu werden. (Diese Fähigkeit zu unterstützen heißt auch, jene Arten der menschlichen Gemeinschaft zu fördern, die erwiesenermaßen für diese Entwicklung entscheidend sind.)
6. Praktische Vernunft: Die Fähigkeit, selbst eine persönliche Auffassung des Guten zu bilden und über die eigene Lebensplanung auf kritische Weise nachzudenken. (Hierzu gehört der Schutz der Gewissens- und Religionsfreiheit.)
7. Zugehörigkeit:
   A. Die Fähigkeit, mit anderen und für andere zu leben, andere Menschen anzuerkennen und Interesse an ihnen zu zeigen, sich auf verschiedene Formen der sozialen Interaktion einzulassen; sich in die Lage eines anderen hineinzuversetzen. (Der Schutz dieser Fähigkeit erfordert den Schutz jener Institutionen, die diese Formen der Zugehörigkeit konstituieren und fördern, sowie der Versammlungs- und Redefreiheit.)
   B. Über die sozialen Grundlagen der Selbstachtung und der Nichtdemütigung zu verfügen; die Fähigkeit, als Wesen mit Würde behandelt zu werden, dessen Wert dem anderer gleich ist. Hierzu gehören Maßnahmen gegen die Diskriminierung auf der Grundlage von ethnischer Zugehörigkeit, Geschlecht, sexueller Orientierung, Kaste, Religion und nationaler Herkunft.

8. Andere Spezies: Die Fähigkeit, in Anteilnahme für und in Beziehung zu Tieren, Pflanzen und zur Welt der Natur zu leben.
9. Spiel: Die Fähigkeit zu lachen, zu spielen und erholsame Tätigkeiten zu genießen.
10. Kontrolle über die eigene Umwelt:
    A. Politisch: Die Fähigkeit, wirksam an den politischen Entscheidungen teilzunehmen, die das eigene Leben betreffen, ein Recht auf politische Partizipation, auf Schutz der freien Rede und auf politische Vereinigung zu haben.
    B. Inhaltlich: Die Fähigkeit, Eigentum (an Land und an beweglichen Gütern) zu besitzen und Eigentumsrechte auf der gleichen Grundlage wie andere zu haben; das Recht zu haben, eine Beschäftigung auf der gleichen Grundlage wie andere zu suchen; vor ungerechtfertigter Durchsuchung und Festnahme geschützt zu sein. Die Fähigkeit, als Mensch zu arbeiten, die praktische Vernunft am Arbeitsplatz ausüben zu können und in sinnvolle Beziehungen der wechselseitigen Anerkennung mit anderen Arbeitern treten zu können" (Nussbaum 2014, S. 112ff.).

Diese als offen und erweiterbar konzipierten Fähigkeiten versteht Nussbaum als allgemeine Ziele und zentrale menschliche Ansprüche, zu deren näherer Bestimmung und Umsetzung gesellschaftliche und politische Institutionen aufgerufen sind. Gleichwohl gehören sie alle, „wie auch immer sie konkret gestaltet werden – zu einer minimalen Konzeption der Gerechtigkeit: Selbst wenn ihr Wohlstand noch so hoch ist, kann eine Gesellschaft, die diese Fähigkeiten nicht allen ihren Bürgerinnen und Bürgern auf einem angemessenen Niveau garantiert, nicht als in vollem Maße gerecht gelten" (ebd., S. 111).

An diese Liste knüpfen sich inzwischen vielfältige, kritische Diskurs über eine generelle Festschreibung einer solchen Fähigkeitenliste als normativ essentialistisch (Hart 2012; Mührel et al. 2017). Nussbaum zielt jedoch mit ihrer Bewertung von Fähigkeiten, die den wesentlichen Anforderungen an ein menschenwürdiges Leben entsprechen, vielmehr auf eine politische und rechtliche Ebene zum Schutz von Grundbedingungen für solche zentralen Fähigkeiten. Es geht ihr bei dem Entwurf ihrer Liste, wie gesagt, um die – explizit veränderbar gehaltene – Beschreibung elementarer Ansprüche und notwendiger Voraussetzungen „für ein achtbares und menschenwürdiges Leben" (ebd., S. 233). Dagegen stellt sie „weder den Versuch einer metaphysischen Wesensbestimmung des Menschen noch einen Ersatz für demokratische Deliberation und individuelle Entscheidungen dar" (Otto und Ziegler 2017, S. 251), sondern zielt darauf ab, Grundvoraussetzungen für eine solche demokratische und individuelle Interaktions-, Handlungs- und Entscheidungsfähigkeit sicherzustellen.

Die von Nussbaum explizierten Fähigkeiten sind an grundlegenden Stellen für die theoretische Auseinandersetzung mit Bildung und Bildungsberatung heuristisch interessant und relevant. *Im Zusammenhang mit der Realisierung dieser Fähigkeiten – als Zugewinn von Realfreiheit – spielt Bildung generell eine zentrale Rolle, weil sie Chancen zur Verwirklichung von Lebensentwürfen und damit auch (Wahl-)freiheit erhöht.* Ebenso wie Freiheit Bildung ermöglicht (Humboldt), ermöglichen ausgebildete Fähigkeiten eine reale Erweiterung von Chancen und damit von Freiheit (Hastedt 2013, S. 27). Dies gilt nicht nur für ökonomische (Arbeitsmarkt-)Chancen, sondern ebenso für den Gesundheitszustand, die Lebenserwartung, soziale, kulturelle und politische Beteiligungen.

Bildungs- und bildungsberatungtheoretisch relevant ist eine Befähigung zur Ausbildung der Fähigkeiten,

- „Vorstellungskraft und Denken" in Bezug auf Bildung und Ausbildung zu entwickeln (Nussbaum 2014, S. 112f.),
- „an der eigenen emotionalen Entwicklung nicht durch Furcht und Ängste gehindert zu werden" (ebd., S. 113),
- „selbst eine persönliche Auffassung des Guten zu bilden und über die eigene Lebensplanung auf kritische Weise nachzudenken" (ebd.),
- „als Wesen mit Würde behandelt zu werden, dessen Wert dem anderer gleich ist" (ebd., S. 114),
- und mit allen vorangegangenen Aspekten die Fähigkeit zu einer politischen Mitgestaltung der eigenen Lebensumwelt zu fördern. Die Reflexion eigener Bedürfnisse und Interessen im Bildungskontext tragen dazu bei, an diesbezüglichen politischen Entscheidungen teilnehmen zu können, die das eigene Leben betreffen (ebd.).

Als theoretische Basis für ein Verständnis von Befähigung im Rahmen der Bildungsberatung rücken mit diesem Fähigkeitenansatz Bildungsfreiheiten und -chancen von Menschen in den Mittelpunkt. Auch die Frage, welche Rolle Bildung überhaupt dabei spielt, das Leben zu ermöglichen, das Menschen realisieren möchten, ist in diesem Zusammenhang zu analysieren. Eine Differenzierung zwischen Funktionsweisen von Menschen und ihren Fähigkeiten ermöglicht es, nicht nur das zu sehen, „was eine Person am Ende wirklich tut, sondern auch das, was sie zu tun vermag, ganz gleich, ob sie sich entscheidet, ihre Fähigkeit tatsächlich zu nutzen" (Sen 2013, S. 263).

Der Orientierungspunkt für diesen Gerechtigkeitsmaßstab liegt auf der Fähigkeit zur Auswahl zwischen verschiedenen Möglichkeiten mit dem Ziel, dass die einzelnen Subjekte in der Lage sind, ihre Lebens- und Bildungswege nach eigenen

Interessen und Bedürfnissen zu gestalten. Als normative und evaluative Leitlinie für Bildung unterstützende Maßnahmen in den Handlungsfeldern der Pädagogik und der Sozialen Arbeit legt der Capability-Ansatz den Fokus auf die Freiheit des Subjekts, seine Chancen und Handlungsspielräume zu erkennen und zu ergreifen. „Er akzentuiert ein klassisches Motiv der emanzipatorischen Bildungsdebatte, rückt es in das Zentrum einer gerechtigkeitstheoretischen Perspektive und entschlüsselt es zugleich für einen wirklichkeitstheoretischen Zugang: Die Ermöglichung von Würde und Autonomie der Lebenspraxis und die Erweiterung der Entfaltungsmöglichkeiten der Subjekte" (Otto und Ziegler 2017, S. 253).

Diese emanzipatorische Perspektive konzentriert sich in der Reflexion über Bildungsprozesse darauf, bildungs- und weiterbildungsbezogene Handlungsoptionen systematisch nicht nur auf Ressourcen, sondern darüber hinaus auf tatsächlich verfügbare Fähigkeiten der Einzelnen hin zu analysieren. Öffentliche Institutionen sind in diesem Rahmen dazu aufgefordert, „jedem Bürger die materiellen, institutionellen sowie pädagogischen Bedingungen zur Verfügung zu stellen, die ihm einen Zugang zum guten menschlichen Leben und Handeln zu entscheiden" (Nussbaum 1999, S. 24).

Darüber hinaus wird eine *doppelte Perspektive auf Handlungs- und Gestaltungsfähigkeit der Subjekte* eröffnet: zum einen als realisierte Zustände in den objektiv wahrgenommenen gesellschaftlichen Möglichkeitsräumen, zum anderen als Modus der Infragestellung des Status Quo, der bisherige Handlungsmöglichkeiten vor dem Hintergrund bestehender ungleicher Freiheitsgrade zu erweitern sucht. Mit der zweiten Perspektive, die sowohl die Gestaltungsfähigkeiten der handelnden Subjekte als auch die jeweils spezifische Gebundenheit dieser Handlungsräume an konkrete gesellschaftliche Voraussetzungen in den Blick nimmt, macht der Capability-Ansatz die Kompetenz- und Ressourcenorientierung in der gegenwärtigen Bildungs- und Bildungsberatungspolitik in ihrer Einseitigkeit zu Lasten des Subjekts sichtbar und überwindet sie.[23]

23 Mit dieser doppelten Perspektive auf Handlungsfähigkeit sind dialektisch-materialistische Elemente einer kritischen sozialwissenschaftlichen Perspektive auf Soziale Arbeit und Pädagogik angesprochen. So betont das marxsche Aneignungskonzept sowohl die „Handlungs- und Gestaltungsmacht des handelnden Subjekts" als auch die „jeweils spezifische Gebundenheit dieser Möglichkeiten an gegebene historisch-materielle Voraussetzungen" (Eichinger 2016, S. 14). Um diese Aneignungsprozesse subjektbezogen zu rekonstruieren, wird es als notwendig erachtet, „Dimensionen wie biographische Erfahrungen (z. B. Stationen im Lebenslauf) sowie leibliche Erfahrungen (z. B. körperliche Fähigkeiten) und soziale Beziehungen (z. B. Bündnispartner_innen, familiäre Care-Tätigkeiten) zu berücksichtigen" (ebd.).

Verwiesen wird damit deutlich auf sozioökonomische Bedingungszusammenhänge eines guten Lebens. Offen lässt dieser Ansatz jedoch weitere und vor allem konkretere Analysen von Verwirklichungschancen und gesellschaftlichen Ungleichheiten. Gesellschaftliche Macht- und Lebensverhältnisse, soziale Strukturen und Interaktionen, die sowohl für eine Zugänglichkeit zu Ressourcen als auch für die Vorstellung eines guten Lebens eine zentrale Rolle spielen, werden im normativ-individualistisch begründeten Fähigkeitenansatz nicht näher in den Blick genommen (Hart 2012, S. 44f.; Vahsen 2013, S. 115ff.). Die Kritik lautet an dieser Stelle, er sei „sozialhistorisch und sozialstrukturell stumpf", da sein universales Ziel eines guten Lebens nicht an soziale Lebensbedingungen rückgebunden ist, sondern programmatisch bleibt (Böhnisch 2017, S. 157). Mit ihm lassen sich, wie deutlich wurde, gesellschaftliche Verhältnisse daran messen, ob und inwieweit sie einzelnen Subjekten Freiheiten zur Verwirklichung persönlicher und sozialer Ziele ermöglichen. Er kann jedoch „bildungs- und sozialwissenschaftliche Subjekt-, Macht- und Gesellschaftsanalysen nicht ersetzen, sondern bleibt auf diese verwiesen" (Otto und Ziegler 2017, S. 252).

Solche theoretischen Modelle, die für eine Analyse der Handlungsbefähigung im Rahmen einer Wechselbeziehung zwischen der Subjektperspektive und sozialstrukturellen Voraussetzungen im Bildungskontext diskutiert werden, sind sowohl ein erweitertes Lebenslagenkonzept (Böhnisch 2017) und sozialisationstheoretische Herangehensweisen (Grundmann et al. 2013) als auch die Studien zum Habituskonzept von Bourdieu (Bourdieu 1982). Insbesondere für die Fragen, ob, wie und mit welchem Ziel diejenigen, die ihre Selbstwirksamkeit und ihre Handlungsfähigkeit wenig über Bildung definieren und/oder im Kontext von (Aus- und Weiter-)Bildung wenig positive Resonanzen erfahren, mit Bildungsberatung zu unterstützen sind, ist darüber hinaus das theoretische Modell fruchtbar zu machen, das Willis (2013) in seiner ethnographischen Studie „Learning to Labour" in den 1970er Jahren entwickelt hat. Er fragt nach Ursachen für eine Reproduktion sozialer Ungleichheit bei Arbeiterjugendlichen und untersucht den Zusammenhang von Gesellschaftsstruktur, Kulturen und Subjektivität.

Die Analyseansätze verdichten jeweils unterschiedliche Aspekte in Bezug auf das handelnde Subjekt. Diskutiert werden sie im Folgenden lediglich hinsichtlich ihrer m.E. relevanten Aspekte für ein Bildungsberatungsverständnis in den Handlungsfeldern der Pädagogik und der Sozialen Arbeit, das orientiert ist am Maßstab der Handlungsbefähigung der Subjekte, ein von ihnen angestrebtes gutes Leben in Würde und Selbstbestimmung ihrer Lebenspraxis führen zu können.

4.1 Ansätze zur sozialstrukturellen Rückbindung von Handlungspraktiken und Verwirklichungschancen mit Bildung

Sens Verständnis von Befähigung als „Ausbildung der Befähigung zur Freiheit" (Sen 2013, S. 262) berührt im Kontext von Pädagogik und Sozialer Arbeit Vorstellungen von Normalität und Abweichung. Spezifische Normalitätskonstruktionen, wie z. B. eine Integration in die Arbeitswelt, werden im Capability-Ansatz nicht explizit hervorgehoben, sondern es geht um nicht festgelegte, grundlegende Entscheidungs- und Handlungsfähigkeiten in Bezug auf die Lebensgestaltung (Oelker et al. 2008, S. 89).

Dieses Befähigungsverständnis bringt, so Böhnisch, in der sozialpädagogischen Transformation eine Radikalisierung des Subjektverständnisses mit sich. „Die Interventionslogik der Sozialen Arbeit ist in der Klientendefinition gefangen. Der Befähigungsansatz hingegen setzt radikal an der Verwirklichungsfreiheit der Person an und will die gesellschaftlichen Zustände daran messen, ob sie den Individuen solche ‚positiven Freiheiten' ermöglichen, aus denen heraus sich selbstbestimmtes Handeln und darin die Verwirklichung persönlicher und sozialer Ziele entwickeln kann" (Böhnisch 2017, S. 158f.).[24]

Eine solche radikalisierte Subjektperspektive mit dem Ziel chancengerechterer gesellschaftlicher Teilhabe muss jedoch – Böhnischs lebenslagenorientierter Perspektive folgend – ebenso wie die Menschenwürde gesellschaftlich entwickelt und durchgesetzt werden, ihre proklamierte Setzung bzw. ihr appellativer Charakter reichen nicht aus. Sie erreichen eine sozialpolitische Wirkung nur durch ihre Rückbindung „an den sozialstrukturellen Entwicklungszusammenhang von Lebenslagen": „Dadurch erhalten wir ein ‚von unter her' entwickeltes Modell des Zusammenspiels von subjektorientierter Befähigung und lebenslagenbezogener Ermöglichung" (Böhnisch 2017, S. 160). Die Freiheit des Subjekts, seine Fähigkeiten als Möglichkeitsräume zu entwickeln, entscheidet sich so gesehen im Spannungsfeld sozialer Konflikte daran, ob und inwieweit individuelle Lebensprobleme als soziale Probleme sozialpolitische Anerkennung finden. Deshalb können Freiheitsgrade nur in diesen Zusammenhängen analysiert und ermessen werden.

24 Böhnisch betont in diesem Zusammenhang die Anschlussfähigkeit des Capability-Ansatzes sowohl an Erkenntnisse der Bewältigungsforschung als auch an kritische Diskurse, die nach Klienten als Bürger fragt und kommt zu dem Schluss, dass in der Konsequenz über diese Freiheit der Optionen „eigentlich erst mit der Auflösung des Klientenstatus gesprochen werden" kann (2017, S. 159).

Befähigungen zur Vergrößerung von Verwirklichungschancen mit Hilfe von Bildung setzen überdies eine Handlungs- und Entscheidungsfähigkeit grundsätzlich voraus. Böhnisch hebt durch seine Verknüpfung der Verwirklichungsperspektive des Capability-Approach mit der bewältigungstheoretischen Frage nach Handlungsfähigkeit den Stellenwert von Erfahrungen der eigenen Handlungswirksamkeit in Alltagssituationen hervor, in denen erst konkrete Optionen entwickelt und erprobt werden können (Böhnisch 2017, S. 167). Dabei ist allerdings s. E. von einer „Autonomie" des Subjekts nicht (mehr) auszugehen. Die Vorstellung von Bildung als eigenständiger Aneignungs- und Transformationsprozess, der auf eine „kritische Spannung des Individuums zur Gesellschaft" setzt, sei im Rahmen der Wissensgesellschaft obsolet geworden: „Bildung und Wissen spalten sich. Nun heißt es: Ihr müsst das Wissen, das sich vor euren Augen technologisch entwickelt und verselbstständigt, übernehmen, damit ihr mithalten, Humankapital akkumulieren könnt" (ebd., S. 162f.). *Folglich verlagern sich im Bildungskontext dialektische Spannungsverhältnisse zwischen Individuum und Gesellschaft in die Subjekte selbst.* „Da die Aneignungsthematik zunehmend an die Individuen gebunden ist, entstehen kaum kulturelle Gegenwelten, höchstens biografisch-kontrastive Inszenierungen. Der seit den 1990er Jahren anhaltende Biografieboom in den Sozialwissenschaften spiegelt diese Privatisierung der Aneignungsthematik genauso wider, wie viele konstruktivistische Ansätze" (ebd., S. 163).

Bezogen auf den outputorientierten, auf Standardisierung, Kompetenz und Autonomie gerichteten Bildungsdiskurs, so wie er gegenwärtig geführt wird, lässt sich diese Situationsskizze zu einer weiterführenden These zuspitzen: *Es ist zu erwarten, dass diese Ausrichtung von Bildung ein Auslöser zunehmender Ausschlussprozesse ist und damit Freiheiten begrenzt, weil sie systematisch Verlierer produziert.* Diejenigen, die die Erfahrung machen, im Bildungssystem nicht erfolgreich zu sein, suchen ihre Handlungsfähigkeit nicht mehr über Bildung zu realisieren, sondern über andere Formen, die soziale Anerkennung und Resonanz ermöglichen, z. B. über Konsum und damit verbundene materielle Statussymbole. „Selbstwirksamkeit, soziale Anerkennung und darin Selbstwert bilden gleichsam das Magnetfeld, in dem sich der Mensch sein Leben hindurch bewegt und nach Handlungsfähigkeit strebt" (Böhnisch 2017, S. 167).

Auch in der sozialisationstheoretischen Unterfütterung des capability-Ansatzes bilden Erfahrungen eine zentrale Analysekategorie. „Ein- und Ansichten über erstrebenswerte Handlungsziele und deren Realisierungspotenziale gründen zutiefst in der Erfahrungsgenese individueller Akteure, die sich vor dem Hintergrund kollektiv geteilter Lebensführungsweisen vollzieht" (Grundmann et al. 2013, S. 125). Argumentiert wird hier im Grundsatz ähnlich wie im lebenslagenbezogenen Ansatz, dass von einer Verwobenheit und wechselseitigen Bedingtheit von erreichten

Lebensweisen bzw. Zuständen (functionings) und anvisierten Lebensvorstellungen (capabilities) auszugehen ist. „Zweifellos stellen Funktionen, beispielsweise ein konkreter Gesundheitszustand oder das Erreichen eines Bildungsabschlusses, mögliche Indikatoren für eine dahinter stehende Befähigung oder auch die individuell oder strukturelle begründete Unfähigkeit zur entsprechenden Verwirklichung dar. Da derartige Indikatoren isoliert betrachtet jedoch keine unmittelbaren Nachweise des Vorhandenseins spezifischer, realer Handlungsfreiheiten anzeigen, sind sie immer in ihrer spezifischen Verwobenheit zu analysieren" (ebd., S. 126).

Damit wird die Grundlage gelegt für eine Rückbindung des Capability-Ansatzes an eine sozialisationstheoretisch fundierte mikrosoziale Analyseperspektive, die spezifische lebensweltliche Kontexte und Situationen erfasst, in denen sich Befähigungen zu realen individuellen Handlungsfreiheiten und wertgeschätzten Lebensweisen erfahrungsbiografisch entwickeln. Befähigungen werden hier theoretisch-analytisch modelliert als „sozialisatorische Vollzugswirklichkeit" (Grundmann et al. 2013, S. 130). Das heißt, es stehen die Konstruktionsprozesse der Individuen im Mittelpunkt des Interesses, „aus denen sich Einsichten in die Optionen der individuellen Genese der Handlungsbefähigung zu einer jeweils autonomen – sich selbst verwirklichenden – Lebensführung ergeben" (ebd.). Dabei wird insbesondere in den Blick genommen, „wie sich die Selbstwahrnehmung und Deutung von Capabilities in konkreten Handlungskontexten wie z. B. der Schule vollziehen und worin sie sich im Falle verschiedener Akteursgruppen (Klassen, Schultypen, zwischen Eltern, Lehrern und Schülern etc.) unterscheiden" (ebd., S. 132).

Die Autoren demonstrieren diesen Ansatz erfahrungsweltlich verankerter Capabilities auch empirisch am Beispiel zweier Untersuchungen, wobei eine methodisch qualitativ, die zweite quantitativ angelegt ist. Für die hier im Mittelpunkt stehende Bildungsthematik interessant ist zum einen das Ergebnis der referierten qualitativen Studie, „dass die Formulierung von dem, was erreicht werden soll oder gewünscht wird, immer in relationaler Abhängigkeit vom Bereich des Möglichen, der Dringlichkeit des Ersehnten sowie dem Grad der adaptiven Anpassung zu betrachten ist" (Grundmann et al. 2013, S. 140). Darüber hinaus zeigt die referierte quantitative Studie, dass erreichte, sich prinzipiell gleichende Funktionen, z. B. ein bestimmter Bildungsabschluss nicht für alle gleichbedeutend sind im Hinblick auf das jeweils persönlich empfundene Wohlergehen, „ebenso wenig für ein sich daraus neuerlich entwickelndes Handlungspotential (z. B. im Bereich beruflicher Karriere oder gesellschaftlicher Mitgestaltung)" (ebd., S. 144).

Sowohl die sozialisationstheoretische Rückbindung des Capability-Ansatzes als auch seine Verbindung mit einem erweiterten Lebenslagenkonzept richten sich – mit unterschiedlichen Nuancierungen – auf ein *Verständnis von Handlungsfähigkeit in sozialen Zusammenhängen als Ausdruck von erfahrungsweltlich erwor-*

benen Dispositionen. Ein drittes theoretisches Konzept, das Wechselbeziehungen zwischen gesellschaftlichen Macht- und Lebensverhältnissen und individueller Handlungsfähigkeit in den Blick nimmt, ist das Bourdieusche Habituskonzept, in dem ein Verständnis von Handlungsfähigkeit als Passungsverhältnis von sozialen Bedingungen und individuellen Praktiken entwickelt wird:

In Bourdieus Arbeiten zum Habitus und seiner Wirkweise auf Handlungsoptionen sind Mitglieder einer Gesellschaft in einem sozialen Raum positioniert, der aus verschiedenen Feldern (vor allem ökonomische, politische, kulturelle, wissenschaftliche) besteht. In diesen Feldern werden Individuen anhand ihrer relativen Stellung zueinander definiert, und zwar nach ihrem „Kapitalvolumen", über das sie insgesamt verfügen und ihrer Zugangsmöglichkeiten zu den unterschiedlichen Kapitalarten, die zur Bestimmung sozialer Platzierung und zur Ausbildung eines spezifischen sozialen Habitus entscheidend beitragen (Bourdieu 1982). Zentral sind kulturelles Kapital (Bildung), soziales Kapital, ökonomisches Kapital (Geld, Eigentum) und symbolisches Kapital (individuelles Prestige und Autorität bzw. gesellschaftliche Anerkennung), worüber sich soziale Positionierungen der einzelnen Mitglieder, verhinderte Entwicklungswege, Begrenzungen und Herrschaftsverhältnisse bestimmen. Bourdieu geht davon aus, „dass Menschen unter den gleichen existentiellen Rahmenbedingungen (…) homogene Habitusformen ausbilden und sich hiermit von Menschen aus anderen Klassenlagen (…) unterscheiden" (Herzberg 2005, S. 13). Der Habitus eines Menschen umfasst Denk-, Wahrnehmungs- und Handlungsmuster, die „'jenseits von Bewußtsein und diskursivem Denken arbeiten'" und stellt sowohl „ein Produkt inkorporierter sozialer Strukturen" als auch „das Erzeugungsprinzip sozialer Handlungspraxis" dar (ebd.).

Bourdieus Habitusforschung beleuchtet die gesellschaftliche Reproduktionsdynamik von Bildungsstrukturen, die ungleiche Bildungschancen institutionell und soziokulturell steuern. Seine Perspektive auf Handlungsoptionen sensibilisiert für die *zentrale Bedeutung von Kapitalien und ihre implizierten Möglichkeitsräume für die Entwicklung eines guten Lebens*. Für die Realisierung individueller Lebens- und Bildungsentwürfe heißt das: Ungleiche Zugangsbedingungen im Bildungs- und Berufsbildungssystem manifestieren sich habituell als spezifische Erfahrungs-, Deutungs- und Handlungsmuster.[25] Mit diesem Konzept lassen sich strukturelle Voraussetzungen und insbesondere Begrenzungen für eine Teilhabe an Bildung im Rahmen sozialer Lebenswelten bzw. Milieus erkennen. Allerdings

25 Bourdieu unterscheidet dabei einen distinktiven Habitus der Eliten, einen prätentiösen Habitus der Bildungsaspiranten und Aufstiegsorientierten und einen Notwendigkeitshabitus, der als eine Anpassung an objektive Möglichkeiten zum Ausdruck kommt (Bourdieu 1982, S. 405ff.).

kann dieser auf strukturelle Mechanismen konzentrierte Fokus zu einer Unterbeleuchtung der Perspektive des handelnden Subjekts auf der Basis ihrer jeweiligen subjektiven Logik führen. Soziokulturell divergierende Bildungspraktiken werden tendenziell als „Abbild einer vertikalen Gesellschaftsordnung betrachtet" (Grundmann et al. 2010, S. 379) und subjektive Bedürfnisse damit ebenso allein herkunftsspezifisch kontextualisiert wie Handlungsorientierungen und Bewältigungsstrategien, oder der Zugang zu und Umgang mit Ressourcen.

Auf diese theoretische Folie greift Regina Heimann in ihren Arbeiten zur Fundierung von Bildungsberatung zurück (Heimann 2012; 2016). Sie legt das Habitus-Konzept einem Bildungsberatungskonzept zugrunde, das sie als „habitussensible Beratung" bezeichnet (Heimann 2012, S. 144). Dabei stellt sie das von Bourdieu analysierte „Wirken symbolischer Gewalt in Bildungsentscheidungen" in den Mittelpunkt (ebd.). Gemeint ist damit ein unbewusster Zwang, mit dem „der Einzelne (...) intuitiv auf eine sozial angepasste Weise (reagiert). Überschreitet er die soziale Grenze, dann fühlt er sich unsicher, nicht passend oder schämt sich" (ebd., S. 145). Heimann macht damit auf die Wirksamkeit symbolischer Gewalt in Bildungsprozessen aufmerksam und betont, dass sie „im Zusammenhang mit der Beratung von Bildungsfernen oder bei beruflicher Weiterbildungsabstinenz eine wichtige Rolle" spielt (ebd., S. 146). Sie schließt mit ihrem Konzept an eine biografieorientierte „sozioanalytische Beratungshaltung" an, die sowohl gesellschaftliche Zusammenhänge als auch „das Wissen um die Wirkweise des Habitus bei Bildungsentscheidungen" berücksichtigt (ebd., S. 147). Ihr Ziel ist es dabei zum einen, „Weiterbildungsbarrieren" der Ratsuchenden zu bearbeiten, zum anderen, „die strukturellen Barrieren an politischer Stelle zu thematisieren, um das Konzept des lebenslangen Lernens bei der Implementierung mit zu gestalten" (ebd., S. 144).

Mit dieser Konzentration auf Barrieren in der Durchsetzung lebenslangen Lernens zeigt sich m.E. die bereits angedeutete Problematik des Bourdieuschen Habitus-Konzeptes in seiner Übertragung auf Bildungsberatung, die an die Programmatik eines lebenslangen Lernens anschließt und damit an ein fundamental individualisiertes Bildungsverständnis (vgl. Kapitel 3.1). Im Mittelpunkt der konkreten Beratungsprozesse steht die Reflexion individueller Handlungsbarrieren in Bildungs- und Weiterbildungsentscheidungen im Rahmen von Habitusformationen und deren Überwindungschancen. Damit implizieren sie – von ihrer tendenziellen Ausrichtung her – eher eine Konzentration auf Begrenzungen und Defizite im Bildungs- und Weiterbildungsverhalten nach dem evaluativen Maßstab bildungspolitischer Zielsetzungen als auf Freiheiten in der Entwicklung des Vermögens, individuell eigene Wege zu gehen.

Im Unterschied zu den bisher diskutierten Ansätzen richtet sich das Interesse von Willis (2013) weniger darauf, strukturelle Einflüsse auf Handlungsfähigkeiten zu analysieren, sondern vielmehr auf kulturelle Praktiken, mit denen Subjekte ihre Lebensverhältnisse „durchdringen“ und gleichzeitig „Beschränkungen“ erfahren (2013, S. 188ff.). Er analysiert in seiner – 1977 entstandenen und 2013 in aktualisierter Neuauflage erschienenen – ethnographischen Studie eine „Gegenschulkultur“ von männlichen Arbeiterjugendlichen im Großbritannien der 1970er Jahre, mit der sie ihr schulisches Scheitern nicht nur in Kauf nehmen, sondern durch ihre Abgrenzung von der Schule und ihrem Leistungsindividualismus auch selbst aktiv vorantreiben (Scherr 2013, S. 5). Damit wendet sich Willis in provokativer Weise gegen eine Perspektive auf Bildungsbenachteiligte als „bewältigungsgetriebene“ Opfer ihrer Verhältnisse (Böhnisch 2017, S. 167; s.o.). Kulturelle Praktiken wie die „Gegenschulkultur“ sind s. E. nicht durch einfache äußere Determinationen zu erklären, die zu quasi sachzwanglogischem Verhalten führt. Er fragt danach, was die Gründe dafür sind, die dieses Verhalten vernünftig und sinnvoll machen und interpretiert soziales Handeln als einen kreativen und aktiven Prozess der Auseinandersetzung mit gesellschaftlichen Existenzbedingungen (Willis 2013, S.199). „Um die soziale Kreativität einer Lebensweise zu verstehen, muss die Logik einer Lebensweise auf das Innerste ihrer konzeptionellen Bezüge zurückverfolgt werden. Das erfordert gewissermaßen, die Besonderheiten ihrer Lage innerhalb einer determinierten sozialen Struktur zu begreifen und darauf einzugehen“ (ebd., S. 192). Für dieses Vorhaben erweist sich die Verknüpfung gesellschaftstheoretischer Analysen mit ethnographischer Forschung zum Umgang mit Bildung in Willis Studie als ausgesprochen fruchtbar.

Ein zentrales Ergebnis seiner Studie macht für die damalige Situation der Arbeiterjugendlichen in Großbritannien deutlich: Die Ablehnung der Schule („Gegenschulkultur“) lässt sich als kulturelle „Durchdringung“ des Grundparadigmas des Bildungsversprechens begreifen, dass Bildung zum Erfolg führt. Zum einen schätzen die untersuchten Jugendgruppen die Opfer für sich als zu groß ein: „Insbesondere beinhaltet dies eine tiefverwurzelte Skepsis gegen den Wert von Qualifikationen im Vergleich zu dem, was man opfern muss, um diese zu erlangen: geopfert wird letztlich nicht einfach tote Zeit, sondern eine Qualität des Handelns, der Einbindung und der Selbstständigkeit“ (Willis 2013, S. 200). Zum anderen wird der Nutzen von Bildungsqualifikationen stark bezweifelt, was die Sicherheit des Arbeitsplatzes, die Qualität der Arbeit und Aufstiegsmöglichkeiten angeht – zum historischen Zeitpunkt der Studie eine durchaus realistische arbeitsmarktbezogene Einschätzung (ebd., S. 202f.).

Willis macht *Widersprüche im Kern des Bildungssystems als treibende Kraft für Abgrenzungsprozesse in individuellen Bildungsbiographien* aus, die durchaus aktuellen Wert haben: Bildung als „kulturelles Kapital“ – hier bezieht er sich bei der theoretischen Interpretation seiner Ergebnisse auf Bourdieu und Passeron – garantiere allein sozial herrschenden Gruppen Erfolg, „weil schulischer Aufstieg der Kontrolle ‚fairer' meritokratischer Prüfung eben derjenigen Fähigkeiten unterliegt, die das ‚kulturelle Kapital' vorsieht" (ebd., S. 203). Deshalb sei es für Arbeiterjugendliche unklug, Vertrauen in „Bildungstitel und -zertifikate zu setzen" (ebd.): „Insofern Wissen immer verzerrt und von Klassenbedeutungen durchzogen ist, muss der aus der Arbeiterklasse stammende Schüler den in ihm angelegten Nachteil überwinden, von vornherein die falsche Klassenkultur und den falschen Schlüssel zum Knacken erzieherischer Codes mitzubringen. Einige wenige können dies; die ganze Klasse kann niemals folgen. Aber dadurch, dass viele es versuchen, wird die Klassenstruktur legitimiert. (...) Die in der Gegenschulkultur implizierte Weigerung, an der Konkurrenz teilzunehmen, ist daher ein radikaler Akt: sie weigert sich, an der eigenen Unterdrückung durch Bildung mitzuwirken" (ebd., S. 203f.).

Auch wenn Willis klassengesellschaftlich fundierte Argumentation nicht direkt auf heutige gesellschaftliche Strukturen übertragbar ist, ist Scherr darin zuzustimmen, dass diese Handlungspraktiken, mit denen Bildung zurückgewiesen wird, von „grundsätzlicher Relevanz für die sozialwissenschaftliche Bildungsforschung" sind, weil sie dazu auffordern, „theoretisch Distanz gegenüber der in der aktuellen Bildungsdiskussion gängigen Annahme einzunehmen, dass erfolgreiche Bildungslaufbahnen und dadurch ermöglichte berufliche Karrieren selbstverständlich erstrebenswert sind" (Scherr 2013, S. 6).

Insgesamt wird sichtbar: Alle vorgestellten theoretischen Analyseansätze thematisieren in unterschiedlicher Form gesellschaftliche Einflüsse und Machtverhältnisse in Bezug auf die Handhabung von Ressourcen und ihre Überführung in individuelle Handlungspraktiken. Sie eröffnen Möglichkeiten, die theoretische Argumentation des Capability-Ansatzes empirisch zu fundieren, dass Ressourcen letztlich lediglich die Mittel darstellen, mit denen Lebensentwürfe zu realisieren sind, ein individuell gutes Leben sich jedoch nicht deckt mit einer bloßen Verfügung über Ressourcen. Deren Wert für eine reale Handlungsfähigkeit wird nur in Relation zu sozialen, kulturellen und individuellen Umwelten bestimmbar (Otto et al. 2010, S. 155).

Übertragen auf Bildungsprozesse und ihre Realisierung heißt das: Es ist ohne Zweifel eine unbestreitbare Grundbedingung, über Ressourcen zu verfügen, die Zugänge zu Bildung grundsätzlich ermöglichen. Sie sind jedoch nicht allein entscheidend dafür, welche Entfaltungsmöglichkeiten einzelne Subjekte in ihrer jeweiligen Lebenspraxis auch tatsächlich mit Bildung verwirklichen können. Diesbezügliche Handlungsfähigkeiten und -praxen realisieren sich im Rahmen individueller, sozialkultureller und bildungsinstitutioneller Erfahrungskontexte sowie deren subjektiver Bedeutungszuschreibungen. Erfahrungsbasierte Analysen dieser Zusammenhänge im einzelnen Fall eröffnen Erkenntnisprozesse darüber, wie Bildungs- und Lebensformen konkret realisiert und behindert werden, wie Verwirklichungschancen im sozialen Zusammenleben gestaltet und gefördert werden. Für das Handlungsfeld der Bildungsberatung ergeben sich daraus Erkenntnisse über Voraussetzungen und Grundlagen für die Unterstützung gelingender Bildung.

Vor dem Hintergrund dieses sozialstrukturell rückgebundenen Analyserahmens des Fähigkeitenansatzes *greift ein Bildungsberatungsverständnis deutlich zu kurz, das Bildungsprozesse als rational gesteuerte, gesellschaftlich funktionale und formalisierte Kompetenzentwicklung begreift,* an dessen Ende sozialer Aufstieg und Erfolg bzw. eine dauerhafte Beschäftigungsfähigkeit stehen. Dieses Verständnis übersieht soziokulturelle, ökonomische, institutionelle und individuelle Einflüsse, die zu lebensweltlich relevanten Handlungsfähigkeiten und entsprechenden personalen Relevanzstrukturen in Bezug auf individuell zu verfolgende Bildungswege führen. In diesem Prozess der Durchdringung der jeweiligen gesellschaftlichen Lebensverhältnisse können Bildungsinstitutionen für die Betroffenen zu Entfremdungszonen werden (Willis 2013).[26] So gesehen ist eine Unterstützung individueller und sozialer Entfaltungsmöglichkeiten mit Bildung ohne die Berücksichtigung dieser Zusammenhänge nicht denkbar. Sie sind eine zentrale Voraussetzung dafür, dass sich Resonanzachsen entfalten können, durch die erst Kohärenzerfahrungen möglich werden, indem sie „bildungsrelevante Weltausschnitte für die Subjekte zum Sprechen bringen" (Rosa 2016, S. 753; vgl. Kapitel 3.2).

Gelungene Bildung hieße dann, dass Menschen diejenigen Bildungsformen realisieren können, die ihnen als wertvoll und erstrebenswert für die eigene Lebensführung erscheinen. Im Umkehrschluss *kann es damit ein gänzlich objektives Maß für gelungene Bildung nicht mehr geben.* Ausmaß und Anlage von Unterstützung durch Bildungsberatung sowie die Formen der Gestaltung von Bildung müssen gesellschaftlich immer wieder neu verhandelt werden, um Lebensformen ermöglichen und fördern zu können, die Menschen wertschätzen und realisieren möchten (Bude 2013; vgl. dazu ausführlicher Kapitel 4.2).

---

26 Eine vom Institut für angewandte Wirtschaftsforschung (IAW) erstellte Machbarkeitsstudie, mit der das Sensche Konzept der Verwirklichungschancen im Rahmen der Armuts- und Reichtumsmessung in Deutschland operationalisiert wurde, sensibilisiert für die Notwendigkeit einer Differenzierung zwischen lebensweltlich erworbenen Kompetenzen und Bildungsabschlüssen (IAW 2006) sowie entsprechend zwischen Kompetenz- und Bildungsarmut" (ebd., S. 56). Begründet wird dies damit, dass es „in vielen Fällen (...) nicht auf formale, sondern auf faktische Kompetenzen an(kommt), um über Verwirklichungschancen verfügen und diese auch nutzen zu können" (ebd.).

Zur theoretischen Fundierung einer solchen fähigkeitenorientierten Bildungsberatung gehört die *Erkenntnis, dass ein gutes Leben mehr oder weniger auf Bildung fokussiert sein kann.* Im Rahmen der je konkreten Bildungs-, Ausbildungs- und Weiterbildungsgeschichten finden Suchbewegungen in offenen Übergängen statt, und es kommt, wie bereits sichtbar wurde, zu Zuständen der Ungewissheit, zu Brüchen und zu Abbrüchen (vgl. Kapitel 3). Dies sind konkrete inhaltliche Bezugspunkte für Bildungsberatung und macht sie gerade für diejenigen wichtig, die nach den Maßstäben institutioneller Bildung als gering Qualifizierte und damit als bildungsarm gelten sowie für diejenigen mit Orientierungsunsicherheiten in Bezug auf ihre Bildungswege. Vor allem letzteres zeigt sich deutlich in den Erfahrungszusammenhängen der Menschen mit Migrationsgeschichte im Rahmen der rekonstruktiven Fallstudien (vgl. Kapitel 2). Insbesondere für diese gesellschaftlichen Gruppen geht es darum, im „Magnetfeld von Wissen, Mithalten, Bildung und Bewältigung" (Böhnisch 2017, S. 166) soziale Räume zu schaffen, in denen sie eigene (Bildung-)Wege gehen können und sie dazu zu befähigen, diese Wege entscheiden und gestalten zu können. Maßstab ist dabei das „Wohlergehen" der Einzelnen, ihre Befähigung dazu, „die Dinge zu tun, die sie mit Grund hoch bewerten" (Sen 2013, S. 259). Für viele geht es m.E. gegenwärtig real weniger um die Verwirklichung von Freiheiten oder um die Ermöglichung von Autonomie, sondern vielmehr darum, zurecht zu kommen und mithalten zu können.

Empirisch interessant wäre in diesem Zusammenhang – anschließend an Willis Begriff der „Gegenschulkultur" – auch die Frage, ob und wie gegenwärtig „Gegenbildungskulturen" zum Ausdruck gebracht werden. Generell legen die hier vorgelegten theoretischen Überlegungen auch auf empirischer Ebene eine stärker ungleichheits- und gerechtigkeitstheoretisch fundierte Forschungsausrichtung an konkreten Bildungs- und Lebensformen nahe (z. B. Wischmann 2015). Notwendig sind deutlich mehr Erkenntnisse darüber, auf welche tatsächlichen Bedarfe emanzipatorisch orientierte Unterstützungsangebote im Bildungsbereich treffen. Willis Arbeit verweist auf den Erkenntnisgewinn von Studien, die soziokulturelle Erfahrungsmuster mit Bildung und ihre Übersetzung in Handlungsorientierungen in spezifischen gesellschaftlichen Gruppen ethnographisch untersuchen. Zielgruppen sind gegenwärtig vielfältig denkbar. Wichtig zu klären erscheinen im Rahmen der Bildungsthematik allerdings Fragen, die sich auf die Handlungsfähigkeiten und Resonanzräume der wachsenden Gruppe von gering qualifizierten Jugendlichen und jungen Erwachsenen mit abgebrochenen Bildungsprozessen beziehen.[27]

27 Aber auch Studierende mit Abbruchtendenzen des Studiums stellen eine Zielgruppe dar. Ca. ein Drittel aller Studierenden brechen ihr Studium ab, ohne dass sie bestehende Beratungs- bzw. Unterstützungsangebote genügend erreichen.

Zusammenfassend lässt sich festhalten: *Zentral ist für Bildungsberatung die Perspektive auf das Zusammenspiel persönlicher Ziele mit Bildung und ihrer Resonanzachsen in institutionellen und sozialweltlichen Räumen.* Mit dieser Differenzierung geht eine Abkehr „von der methodischen Fiktion des 'normalfunktionierenden Bürgers'" einher, auf den die liberale Vorstellung zugeschnitten ist, er müsse die ihm wie allen anderen zur Verfügung gestellten Güter nur nutzen (Otto et al. 2010, S. 149). Eröffnet wird ein differenzierter Blick auf Varianzen. So wie „Kinder, Alte, Kranke, Menschen mit Behinderungen usw. häufig mehr und andere Güter und Infrastrukturen (brauchen), um als Gleiche auftreten zu können" (ebd.), müssen für Menschen mit ihren jeweils spezifischen Biografien Bildung unterstützende Maßnahmen unterschiedlich angelegt werden, damit sie ihre Bildungsgeschichten so gestalten können, dass sie sich darin als Subjekte ihres Lebens erfahren können.

Entwickelt wurden bis hierher Leitlinien eines theoretischen Reflexionsrahmens für Bildungsberatung, der auf ein soziale Relevanzstrukturen anerkennendes und die Resonanzachsen des Subjekts unterstützendes Beratungsdenken und -handeln gerichtet ist und damit auf eine Erweiterung der Handlungs- und Entscheidungsfähigkeit für eine jeweils spezifische, veränderbare Konzeption eines angestrebten Lebens zielt. Zu diskutieren bleibt nun, wie dieser theoretische Reflexionsrahmen für Bildungsberatung als handlungsleitender Maßstab vor dem Hintergrund gegenwärtiger Bildungspolitik professionalitätstheoretisch zu verankern ist.

4.2 Professionalitätstheoretische Perspektiven auf eine befähigungsorientierte Bildungsberatung und -begleitung

Die vorangegangenen Überlegungen zur theoretischen Kontextualisierung befähigungsorientierter Bildungsberatung setzen konkret am Subjekt und seinen Erfahrungen mit bildungsbezogenen Verwirklichungschancen in seinen soziostrukturellen Lebenszusammenhängen an. Deutlich wurde: Es geht um das Zusammenspiel von gesellschaftlichen Bedingungen für eine Befähigung zur Teilhabe, Infrastrukturen, verfügbaren Ressourcen, Erfahrungen und individuellen Vorstellungen eines guten Lebens und dem praktischen Vermögen, unterschiedliche Möglichkeiten für sich erkennen, reflektieren und umsetzen zu können.

Dieses Verständnis von Fähigkeiten und Verwirklichungschancen nach eigenen Maßstäben legt nicht nahe, Menschen zu raten bzw. zu drängen, eine bestimmte Lebensführung zu realisieren. *Es geht darum, den einzelnen Subjekten mit ihren konkreten Lebensgeschichten und Lebensentwürfen, ihren Haltungen und sinngebenden Praktiken systematisch Bedeutung zu geben und damit ihre Entscheidungs- und Handlungsfähigkeiten zu unterstützen.* Dieser Ansatz setzt ein erweitertes Verständnis von Beratung und auch eine Erweiterung von Beratung um Maßnahmen prozessbegleitender Unterstützung voraus, die sich inhaltlich am konkreten Kontext des jeweiligen Subjekts orientieren. Insbesondere im Hinblick auf die festgestellte Problematik, dass Beratung im Bildungs- und Weiterbildungskontext gerade diejenigen bisher nicht bzw. wenig erreicht, die keine oder niedrige Bildungsabschlüsse haben, rückt m.E. der *Begriff der Bildungsbegleitung neben den der Bildungsberatung.* Der Beratungsbegriff legt, trotz seiner inhaltlichen und temporären Ausweitung in seiner Verknüpfung mit lebenslangem Lernen, in erster Linie einen kognitiven Akt nahe, der an rationaler Strategieentwicklung orientiert ist (vgl. Kapitel 2 und Kapitel 3.2). Für die Praxis professionellen Handelns in der Unterstützung von Bildung als Verwirklichungschance geht es jedoch darüber hinaus darum, (Autonomie-)Spielräume zu bilden, in denen Bedürfnisse und Interessen reflektiert und überprüft sowie alternative Möglichkeiten entwickelt werden können, die eine Vergleichsperspektive zum Status quo ermöglichen. Erfahrungen in sozialpädagogischen Handlungsfeldern zeigen überdies, „dass nicht die kognitive Aufklärung eine Veränderung normativer Haltungen verspricht, sondern das Angebot ‚funktionaler Äquivalente'", etwa in Projekten, „in denen man sich in veränderten sozialen Kontexten, die Selbstwert, Anerkennung und Selbstwirksamkeit fördern, neu erfahren kann" (Böhnisch 2017, S. 158).

Beispielhaft zeigt dies das Projekt „Bildungscoaching". Ein vom Ministerium für Arbeit, Gesundheit und Soziales des Landes Nordrhein-Westfalen (MAGS NRW) gefördertes Pilotprojekt zum „dritten Weg in der Berufsausbildung in NRW" richtet sich an „ausbildungs- und arbeitswillige Jugendliche und junge Erwachsene, die aufgrund ihrer persönlichen und schulischen Voraussetzungen derzeit und absehbar trotz der vorhandenen Fördermaßnahmen im Rahmen der bestehenden Regelausbildungssysteme keine berufliche Ausbildung mit den dazugehörigen Abschlüssen absolvieren werden" (Buschmeyer und Eckhardt 2010, S. 3). In diesem Projekt werden bildungsbegleitende Hilfen als Bildungscoaching bezeichnet. Es umfasst ein „prozessbegleitendes Beratungs- und Unterstützungsangebot für die Jugendlichen während des gesamten Ausbildungsverlaufes" und soll die Jugendlichen und jungen Erwachsenen „befähigen, die für sie richtigen Entscheidungen zu treffen und damit selbst die Verantwortung über ihren weiteren beruflichen Entwicklungsprozess zu übernehmen" (ebd., S. 11). Im Mittelpunkt steht dabei die Förderung von Handlungskompetenzen im Hinblick auf eine Berufsausbildung, wobei die diesbezüglichen Probleme nicht nur auf „Lernschwierigkeiten oder niedrige Bildungsabschlüsse" zurückgeführt werden, sondern darüber hinaus auf „Problemstellungen im familiären oder sozialen Umfeld sowie in ihrer Persönlichkeitsentwicklung" (ebd., S. 5f.).

Professionelles Handeln in Prozessen der Bildungsberatung und Bildungsbegleitung, das sich von der Fähigkeitenperspektive leiten lässt, zielt praktisch darauf, *eine Befähigung zu einem individuell angestrebten, selbstständigen Leben und zur Entscheidungsfindung zu fördern.*[28] Dafür sind mehrere Bezugs- und Analyseebenen zu berücksichtigen. Die in den vorangegangenen Kapiteln gewonnenen Erkenntnisse zeigen, dass Einflussfaktoren auf die Entfaltungsräume der Einzelnen mit Bildung vielfältig sind. Sie bilden ein Zusammenspiel aus

- individuellen Bedürfnissen, Bildungsaspirationen und diesbezüglichen Entscheidungs- und Handlungsfähigkeiten, die auch den Umgang mit Grenzen des Möglichen beinhalten,
- soziokulturellen Ressourcen in ihren lebensweltlichen Bezügen,
- institutionellen Ungleichheitsstrukturen im Zugang zu Bildung und
- gesellschaftspolitischer Zielsetzung mit Bildung und dementsprechenden institutionellen Rahmungen (z. B. Schul- und Hochschulstrukturen).

Dies sind die komplexen Bezugsebenen für Professionalität bzw. professionelles Handeln[29] in Bildungsberatung und -begleitung, die gesellschaftliche Lebensverhältnisse mit in den Blick nehmen. *Mit der Wahrnehmung dieser Bezugsebenen für professionelles Handeln wird der Gefahr begegnet, die Autonomie der Subjekte in Richtung ihrer permanenten Selbstoptimierung zu überhöhen.* Diese Gefahr liegt dagegen nahe, wenn als theoretische Leitlinie für Bildungsberatung allein der bildungspolitisch forcierte Anspruch an ein lebenslanges Lernen mit seinem auf Autonomie fokussierten Lern- und Bildungsverständnis zugrunde gelegt wird (vgl. Kapitel 3).

An dieser Stelle setze ich die Auseinandersetzung mit einem Professionalitätsverständnis in der Bildungsberatung und -begleitung an, wobei es mir vor allem um die Frage geht, wie Grundstrukturen professionellen Handelns in diesem Rahmen zu konstituieren sind, die auf eine Erweiterung von individuellen Befähigungen oder Chancen zielen, die Menschen in die Lage versetzen, ihre Vorstellungen

28 Dies gilt ebenso für Menschen mit Beeinträchtigungen in einer ihren Fähigkeiten angemessenen Form (Nussbaum 2014, S. 235ff.).

29 Die Begriffe „Professionalität" und „professionelles Handeln" werden im Folgenden synonym verwendet.

zu Bildung, Aus- und Weiterbildung im Rahmen ihrer Lebensgestaltung abzuwägen, zu entscheiden und umzusetzen.[30]

Der Professionalitätsbegriff etabliert sich Ende der 1980er Jahre. Mit ihm verschiebt sich damals der Fokus weg von Zielen der Verberuflichung im Weiterbildungssektor hin zu Fragen der Logik und Aufgabenstruktur des beruflichen Handelns, auf das Wissen und Können der Akteure in ihren Handlungsfeldern und auf die Reflexivität ihres Tuns (Nittel 2000, 70f.; Dewe und Otto 2011, S. 1143). Im Vergleich zu Professionen, die als besonders ausgewiesene, zumeist akademische Berufe definiert sind, und zu Professionalisierung als einem „kollektiven Prozess der Verberuflichung“ wird Professionalität als ein eher situativer Gegenstandsbereich gefasst, der interaktiv hergestellt wird (Nittel 2000, S. 70). Damit ist professionelles Handeln „kein ‚Zustand‘, der errungen oder erreicht werden kann, sondern eine flüchtige, jedes Mal aufs Neue situativ herzustellende berufliche Leistung“ (ebd., S. 85). Diese Leistung vollzieht sich zumeist im Rahmen von Organisationen in Interaktionsprozessen mit Klienten, die auf eine Verständigung darüber abzielen, was aus ihrer Sicht eine angemessene Unterstützung ihrer Interessen sein könnte (Dewe und Otto 2011, S. 1151).

Vor dem Hintergrund dieser Anforderungen sind in der theoretischen Auseinandersetzung mit dem Professionalitätsbegriff zunächst ein differenztheoretisches und ein kompetenztheoretisches Verständnis zu unterscheiden (Nittel 2000, S. 73ff.). Beide Perspektiven fassen Professionalität als eine „situative Kompetenz“ (Tietgens 1988, S. 37) die sich im Fallbezug entwickelt. Sie „kann weder verordnet werden, noch erschöpft sie sich in der Ausformulierung normativer Prämissen“ (Nittel 2000, S. 85). Das differenztheoretische Verständnis (1) beobachtet vor allem Widersprüche auf der Handlungs-, Wissens- und Beziehungsebene und damit einhergehende Spannungsfelder und Paradoxien professionellen Handelns, „da generalisiertes und abstraktes Wissen in der jeweiligen Interaktion einerseits fallspezifisch angewendet werden und andererseits der individuelle Fall hinsichtlich seiner verallgemeinerbaren Problembestandteile betrachtet werden muss“ (Maier-Gutheil 2013, S. 179). Das kompetenztheoretische Verständnis von Professionalität (2) betont Programmierungs- und Zielgruppenwissen, Fähigkeit zur Selbstreflexion, eine ethische Haltung sowie makro- und mikrodidaktische

30 Dagegen werden hier bewusst organisatorische Faktoren, die auf Beratungssituationen von außen einwirken, vernachlässigt. Zu professionstheoretischen Überlegungen, die professionelles Handeln im auf Dauer gestellten Wandlungsprozess sozialer Organisationen fassen, vgl. Siller 2008, S. 249ff.

Kenntnisse (ebd., S. 74).[31] Im Folgenden werden die Eckpfeiler beider Professionalitätsperspektiven in Bezug auf ihre Anschlussfähigkeit an die Perspektive einer an Befähigung orientierten Bildungsberatung vorgestellt.

1. Ein *differenztheoretisches Verständnis von Professionalität* weist eine Nähe zu professionstheoretischen Debatten in der Soziologie und Erziehungswissenschaft der 1980er und 1990er Jahre aus (Tietgens 1988; Oevermann 1996; Schütze 1996). Betont werden hier eine Differenz von Wissen und Können und Unterschiede zwischen wissenschaftlicher und professioneller Rationalität (Nittel 2000, S. 73; Dewe und Otto 2011, S. 1143). Professionalität gilt, in Anlehnung an Oevermann, als Ort der Vermittlung von Theorie und Praxis. Dieses Verständnis „impliziert im Kontext professioneller Berufsarbeit ein widersprüchliches und spannungsreiches Verhältnis, welches nach drei Seiten ausdifferenziert werden kann: nämlich zur Handlungs-, zur Wissens- und zur Beziehungsebene. Auf jeder dieser drei Ebenen existieren Widersprüche, Ungereimtheiten und Dilemmata, die es unter der Maxime der Professionalität auszuhalten und zu bearbeiten gilt“ (Nittel 2000, S. 81):

Auf der Handlungsebene entsteht eine *widersprüchliche Handlungsstruktur* dadurch, dass sowohl ein Entscheidungs- als auch ein Begründungszwang wirksam sind. Die wissenschaftliche Handlungsstruktur ist geprägt durch ihre ethisch begründete, an wissenschaftlichen Werten und Forschungen ausgerichtete Haltung und ihre darauf bezogenen Begründungsleistungen. Im Vergleich dazu ist die Struktur des lebenspraktischen Handelns geprägt durch ein „auf Dauer gestelltes Erfüllen von Entscheidungssituationen“ (Nittel 2000, S. 81), das der Logik der Praktikabilität und des alltagspraktischen Entscheidungszwangs folgt. Diese Handlungsstrukturen „gehen im professionellen Handeln gleichsam eine Allianz ein“ (ebd.).

In ähnlicher Form ist professionelles Wissen durch eine *widersprüchliche Struktur ihrer Wissensgrundlage* geprägt. Es relationiert Alltagswissen, gekennzeichnet durch „Indexikalität und Situationsbezug, Suspendierung des Zweifels, Gleichzeitigkeit von Präzision und Vagheit“ und wissenschaftliches Wissen, gekennzeichnet durch Abstraktheit, Loslösung von Kontexten, Institutionalisierung des Zweifels“ (Nittel 2000, S. 82). Die situative Angemessenheit professionellen

31 Nittel bezieht diese Varianten der Annäherung an ein Professionalitätsverständnis auf das pädagogische Handlungsfeld der Erwachsenenbildung. Sie eröffnen jedoch für das Handlungsfeld der Bildungsberatung ebenfalls einen Erkenntnisgewinn. Dieses Handlungsfeld wird hier als auf Menschen aller Altersgruppen bezogen definiert. Während Bildungsberatung in der wissenschaftlichen Literatur häufig auf die Weiterbildung Erwachsener konzentriert wird, umfasst es in gleicher Weise die grundständige Bildung, wenn man die bildungspolitischen Forderungen der Europäischen Union zugrunde legt (Rat der EU 2004; 2008).

Handelns zeigt sich in dem Vermögen, diese unterschiedlichen Rationalitätsmuster des Wissens „fallspezifisch und in je besonderen Kontexten zu mobilisieren, zu generieren und differente Wissensinhalte und Wissensformen relational aufeinander zu beziehen“ (Dewe und Otto 2011, S. 1151). Das heißt, damit verbundene Ambiguitäten sind im Rahmen eines konkreten Falls produktiv ins Verhältnis zu setzen.

Auf der Beziehungsebene wird professionelles Handeln geprägt „durch die *widersprüchliche Einheit von Rollenhandeln und Handeln als ganzer Person*, von Elementen einer spezifischen und einer diffusen Sozialbeziehung“ (Oevermann 1996, 105f.; Nittel 2000, S. 82). Der „professionalisierte Habitus“ ist auf der einen Seite gekennzeichnet als funktional spezifisches, rational begründetes Handeln mit einem diagnostischen Blick in größtmöglicher personaler Distanz, Sach- und Methodenbezogenheit. Auf der anderen Seite ist für diesen Habitus konstitutiv, „in vollständiger, ausschließlicher Hingabe an die Sache zu handeln“ (Oevermann 1996, S. 105), was eine funktional diffuse Sozialbeziehung mit einer hohen personalen Nähe bedingt. Notwendig ist dafür eine hermeneutische Kompetenz, die sich konkret auf den je spezifischen Fall bezieht. Rekurriert wird hier auf die „von Weber betonte widersprüchliche Einheit von Leidenschaft, in Neugierde und Faszination vor der Neuheit der Einsicht sich zeigend, und von Routine bzw. Unterordnung unter die methodischen Regeln, des Weiteren die widersprüchliche Einheit von methodischer Strenge und radikalem Offenhalten der Zukunft, von methodischem Rigorismus und radikaler Verweigerung gegen eine dogmatische Schließung des Ideenpluralismus“ (ebd., S. 106).

Diese widersprüchlichen Handlungs-, Wissens- und Beziehungsanforderungen verweisen auf damit einhergehende notwendige, nicht auflösbare Spannungsfelder, Kernprobleme und Paradoxien, die professionelles Handeln in Organisationen der Pädagogik und der Sozialen Arbeit kennzeichnen.[32] Sie fordern eine Kompetenz zur Relationalisierung. Diese Kompetenz ist aus der Perspektive einer an Befähi-

32 Darauf hat vor allem Fritz Schütze (1996) aufmerksam gemacht. Betrachtet man die von Schütze beschriebenen Paradoxien professionellen Handelns im Rahmen aktuell anhaltender Ökonomisierungszwänge sozialer Organisationen, wird deutlich, dass sie tendenziell ihre Gestalt verändern. Im Verlauf der funktionalen Differenzierung sozialer Organisationen und einer damit einhergehenden Relativierung der Gegensatzkonstruktion von Profession und Organisation scheint das Konstrukt professioneller Handlungsparadoxien, verstanden als Gegenüberstellung von zweckrational-bürokratischer und professionell-autonomer Rationalität, an Bedeutung bzw. an Erklärungskraft für Strukturprobleme professionellen Handelns zu verlieren. Professionelles Handeln muss nicht mehr nur vom „Fall“ her gedacht werden, sondern in gleicher Weise von den Rahmenbedingungen her. Professions- und Organisationsratio werden „sinnweltlich“ verbunden (vgl. dazu ausführlich Siller 2008, S. 254ff.).

gung orientierten Bildungsberatung in Interaktionsprozessen situativ auszurichten an den zu beratenden bzw. zu begleitenden Subjekten in ihrem jeweiligen soziokulturellen Kontext, mit ihrem bildungsbiografischen Erfahrungshintergrund und ihren Bedürfnissen nach einer Gestaltung individueller Verwirklichungschancen mit Bildung. Der Befähigungsansatz fordert damit eine erweiterte relationale Perspektive. Diese richtet sich darauf, „den gleichsam materiell, institutionell und politisch-diskursiv strukturierten Raum gesellschaftlicher Möglichkeiten mit dem je akteursbezogenen Raum individueller Bedürfnisse und Befähigungen in Beziehung zu setzen“ (Grundmann et al. 2010, S. 381f.).

Diese Kompetenz der Relationalierung als ein zentrales Element des professionellen Handlungsmodus wird in jüngeren Arbeiten verbunden mit einer *Kompetenz zur Reflexivität* als ein zentrales methodisches Element fallspezifischen Relationalisierens, das auch „den Abgleich interessen- und ressourcenbedingter Angemessenheit“ im Blick hat (Dewe und Otto 2011, S. 1152; Wischmann 2015, S. 187f.). „Reflexivität als nicht standardisierbare, nicht-technisierbare Relationalisierungsleistung in einem je spezifischen Handlungsvollzug erfordert daher eine hohe fachliche, methodische und soziale Kompetenz“ (Dewe und Otto 2011, S. 1152). Kernelement dieser reflexiven Professionalität ist eine „demokratische Rationalität“, verbunden mit einem politischen Mandat. Damit wird in Abgrenzung zu wirtschaftlicher und kognitiver Rationalität eine gerechtigkeitstheoretisch begründete, partizipatorische Rückbindung professioneller Praxis an die Interessen, Verwirklichungschancen und die dafür notwendigen Handlungsbefähigungen der Klienten in den Mittelpunkt gestellt.

Mit den Kompetenzen zur Relationalisierung und Reflexivität sind konstituierende Elemente einer professionellen Rationalität auch für eine an Befähigung orientierte Bildungsberatung und -begleitung angesprochen, die über eine funktional-ökonomische Rationalität hinausgehen, diese jedoch durch ihre zumeist oganisationsstrukturelle Verankerung nicht gänzlich überwinden kann.[33] Eine relationalisierende Professionalität in der Bildungsberatung und -begleitung impliziert daher den Umgang mit Spannungsfeldern bzw. Paradoxien, die balanciert und reflektiert, aber nicht einseitig aufgelöst werden können. Dabei geht es beispielsweise um Spannungsfelder zwischen „Beschleunigung und Entschleunigung“ oder zwischen „Typisierung und individueller Situierung (…) vor allem hinsichtlich der Auswahl eingesetzter Interventionsmethoden oder entwickelter Lösungsvorschläge“ (Maier-Gutheil 2013, S. 183). Während Bildung als lebenslanges Lernen gesellschaftlichen Beschleunigungsprozessen Vorschub leistet, ist eine befähi-

33 Zu den Herausforderungen für professionelles Handeln in sozialen Organisationen vgl. Siller 2008, S. 249ff.

gungsorientierte Bildungsberatung als eine „Resonanzoase" zu sehen (Rosa 2016, S. 402), die durch ihre Reflexionsprozesse zur Entschleunigung beiträgt.

Erfahrungen mit Bildung und Ausbildung beinhalten – nicht nur bei Menschen, die keine oder niedrige Bildungsabschlüsse haben, keinen Ausbildungsabschluss haben und/oder erwerbslos sind – Brüche und Abbrüche, Enttäuschungen und Erfahrungen des Scheiterns, die individuell zu bewältigen sind. Mit der beratenden Begleitung dieser Prozesse, die sich mit immer neuen Erfahrungen stabilisieren oder destabilisieren können, ist im Rahmen der beschriebenen Spannungsfelder die Entwicklung einer Konfliktkultur und einer Gesprächs- und Verhandlungskultur verbunden. Diese zu trainieren und zu reflektieren setzt für einen professionellen Handlungsmodus nicht allein Relationalisierungs- und Reflexionskompetenz voraus, sondern fordert darüber hinaus den *Umgang mit Widersprüchen und Konflikten, der damit ebenfalls als ein konstituierendes Element von Professionalität in der Bildungsberatung und -begleitung zu begreifen ist.* Einerseits ausgehend von einer subjektiven Logik der Einzelnen in ihrer soziokulturellen Prägung, andererseits um die Bedeutung von Bildung für die gesellschaftliche Gestaltung von Chancen wissend, geht es darum, die jeweilige soziokulturelle Gestaltung von Bildungswegen anzuerkennen und darin gleichzeitig Entfaltungsmöglichkeiten zu eröffnen.

Die Stärken einer so umrissenen differenztheoretischen Perspektive auf Professionalität in der Bildungsberatung und -begleitung liegen in ihrer theoretischen Herausstellung und Benennung der komplexen Zusammenhänge, der widersprüchlichen Anforderungen und Erwartungen an einen professionellen Handlungsmodus, die nicht auflösbar sind, sondern jeweils situativ in ein Verhältnis gesetzt werden müssen. Das heißt, dass mit dieser Handlungsstruktur Zonen der Unbestimmtheit und der Mehrdeutigkeit (Abbott 1988) verbunden sind, denen mit konkretem Funktionswissen oder einer routinemäßigen Bewältigung nicht zu begegnen ist, sondern Kommunikations- und Interaktionskompetenz, Empathie und hermeneutisches Fallverstehen einschließt. Die im ersten Teil dieses Textes vorgestellten Fallrekonstruktionen haben beispielsweise gezeigt, dass eine jeweils individuell ausgerichtete Gestaltung „spezifischer" und „diffuser" Anteile der Beziehung in Beratungs- und Begleitungsprozessen vor allem dann eine zentrale Rolle spielen, wenn sie als persönliche Orientierungshilfe benötigt werden für die prozesshafte Gestaltung von ungewissen Bildungs- und Ausbildungswegen (vgl. Kapitel 2.1). Individuelle Entfaltungsmöglichkeiten mit Bildung im Sinne einer angestrebten, auch Grenzen des Möglichen erkennenden Lebenspraxis sind dabei der zentrale Bewertungsmaßstab für in diesem Sinne gelingende Prozesse der Bildungsberatung und -begleitung.

Anschlussfähig an den Fokus der Unbestimmtheit sind an dieser Stelle auch professionstheoretische Arbeiten in der Erwachsenen- und Weiterbildung, die vor einem poststrukturalistischen Theoriehintergrund argumentieren und die Machtanalyse Foucaults heranziehen. Sie betonen in der Unbestimmtheit professionell gestalteter Bildungsräume die „Differenz als Raum pädagogischer Professionalität" (Klingovsky 2013, S. 6). Der poststrukturalistische Differenzbegriff geht dabei jedoch nicht von Dualismen im Sinne eines „Gegensatz zwischen zwei in sich geschlossenen Einheiten" aus, sondern von einer „Uneinheitlichkeit des Einen" (ebd., S. 7). Mit ihrem Plädoyer für ein „Offenhalten der Differenz" heben sie das Nicht-Fixierbare, Nicht-Entschiedene als Raum für professionelles Handeln in der Unterstützung von Bildungsprozessen hervor. In Anlehnung an Ernesto Laclau und Chantal Mouffe (1991) sprechen sie dabei von der „Arbeit an einer ‚Nahtstelle'. Die Nahtstelle offen zu halten, bedeutet, die durch hegemoniale Schließungsbemühungen hergestellten Differenz- bzw. Normalitätsordnungen zu unterlaufen und deren Fixierungen zu widerstehen" (Klingovsky 2013, S. 7). Ein auf dieser Grundlage entwickeltes Professionalitätsverständnis orientiert sich an einer Lerntheorie, die Lernen als „Praktiken des Strukturierens" definiert. Aus dieser Perspektive besteht die professionelle Herausforderung in der Bildungsarbeit darin, „Strukturierungsräume bereitzustellen", in denen die Unbestimmtheit und „Nichtherstellbarkeit von Lern- und Bildungsprozessen sowie deren regulative Orientierungen" akzeptiert werden (ebd., S. 9).

Im Vergleich zur differenztheoretischen Fundierung von Professionalität konzentriert sich eine kompetenztheoretische Perspektive, auf die folgend näher eingegangen wird, stärker auf eine – in der differenztheoretischen Perspektive eher vernachlässigte – Konkretisierung von Kompetenzen angesichts der komplexen Herausforderungen, von denen auch für den professionellen Handlungsmodus der Bildungsberatung und -begleitung auszugehen ist.

2. Das *kompetenzbezogene Verständnis* fasst Professionalität leistungsbezogen als „sichtbare bzw. artikulierte Seite von Kompetenz" (Nittel 2000, S. 74), dargestellt in berufsfeldbezogenen Kompetenzprofilen bzw. -katalogen, die formale und inhaltliche Fähigkeiten umfassen. Dabei wird versucht, so beschreibt Nittel mit Bezug zur Erwachsenenbildung, fundamentale Dimensionen von professioneller Handlungskompetenz umfassend zu berücksichtigen. „Als komplett gelten Kompetenzkataloge in der Regel dann, wenn folgende vier Bereiche berücksichtigt worden sind, nämlich die Interaktion mit der Klientel im Vis-à-vis-Kontakt, das strategische Handeln in Organisationen, der Umgang mit sich selbst und das Vermitteln von Inhalten" (ebd., S. 76).

Die Kritik, die sich an diese frühe Form der Kompetenzprofilbildung anschließt, lautet zum einen, dass kompetenzorientierte Ansätze mit einer Fixierung auf programmatische Kompetenzziele zwar ein „Potential von Professionalität", aber nicht „die Professionalität selbst", also das faktische Berufshandeln analysieren: „Die Aufstellung von Zielen und programmatischen Aussagen erfolgt unter der Annahme, dass mit ihrer Ausformulierung die Realisierung Hand in Hand gehe" (Nittel 2000, S. 79). Zum anderen liege ihnen ein „harmonistisches wie auch rationalistisches Wirklichkeitsverständnis zugrunde", weil „die einzelnen Kompetenztableaus nicht wie erhofft per se in einem komplementären Bezug zueinander (stehen), sondern in einem Spannungs-, wenn nicht sogar in einem Konkurrenzverhältnis" (ebd.). Diese rationalistische Verkürzung führe zu Ausschlussmechanismen in der Wahrnehmung von Realitäten. „Das Widersprüchliche, Fehlerhafte, ‚Unreine' und Konfliktträchtige am beruflichen Handeln wird vom kompetenzbezogenen Verständnis von Professionalität tendenziell als Problem oder gar als Defizit schematisiert, ohne zu erkennen, dass damit eine Perfektibilität konstruiert wird, der kaum jemand gerecht zu werden vermag" (ebd., S. 80).

Gegenwärtig haben erweiterte kompetenztheoretisch fundierte Ansätze von Professionalität in der (Weiter-)Bildungsberatung Konjunktur. In einem aktuellen, umfänglichen Konzept, auf das im Folgenden etwas näher eingegangen werden soll, beziehen Schiersmann und Weber (2013) den Begriff der Professionalität primär auf die Kompetenzen der Beratenden und bezeichnen *Kompetenz als „Kern von Professionalität" im Beratungshandeln* (Schiersmann und Weber 2013, S. 54; Schiersmann et al. 2013, S. 195ff.). Im Rahmen des Projekts „offener Koordinierungsprozess Qualitätsentwicklung" wird ein umfassendes Kompetenzprofil für Beratende in den Handlungsfeldern Bildung, Beruf und Beschäftigung vorgelegt (Schiersmann et al. 2013, S.195ff.).[34] Die Autoren begründen ihren kompetenztheoretischen Zugang mit gesellschaftlichen und arbeitsmarktbezogenen Entwicklungen, die berufliche Tätigkeiten, vor allem „anspruchsvolle soziale Dienstleistungen wie die Beratung" immer weniger standardisierbar und handlungsstrategisch „allein auf der Basis von Fachwissen und routinisierten Fertigkeiten" planbar machen (ebd., S. 196). Es sei daher erforderlich, so argumentieren sie ähnlich wie Vertreter eines differenztheoretischen Verständnisses von Professionalität, „Wissen und Können situationsadäquat einzusetzen, in unerwarteten, offenen, zuweilen chaotischen Situationen selbstorganisiert und kreativ zu handeln. Dies wird mit dem Begriff Kompetenz bezeichnet" (ebd.). Das Konzept der Kompetenz zielt auf

34 Dieses Kompetenzprofil entsteht im Rahmen eines national ausgerichteten, aus Bundesmitteln geförderten Verbundprojektes zur Entwicklung eines „integrierten Qualitätskonzeptes" für Beratung in Bildung, Beruf und Beschäftigung, mit dem einer Professionalisierung und Qualitätssicherung von Beratung trägerübergreifend Vorschub geleistet werden soll (vgl. Schiersmann/Weber 2013).

eine situationsadäquate „'Verknüpfung von wirtschaftlichen und pädagogischen Maßstäben, von Alltagslernen und institutionellem Wissen, von Kennen und Können, von Bedarfen und Bedürfnissen'" (ebd.).

Dieses übergreifende Kompetenzverständnis bezieht sich – performanzorientiert – auf den Zusammenhang von Kompetenz und reflektiertem Handeln in einer konkreten Beratungssituation und umfasst drei Ebenen: die Ressourcenebene, die Wissen, Fähigkeiten, motivationale und emotionale Potentiale für eine kompetente Handlung umfasst; die Ebene der Aktualisierung, mit der diese Potentiale in einer spezifischen Beratungssituation aktiviert werden und die Ebene der Performanz, auf der die Kompetenz als realisierte Beratungskompetenz sichtbar wird (Schiersmann et al. 2013, S. 197f.). Mit diesem komplexen Ansatz wird explizit dem Kritikpunkt an vorangegangene kompetenztheoretische Zugänge zum Professionalitätsbegriff begegnet, der lautet, dass zwar berufliche Kompetenzprofile formuliert, deren Übersetzung bzw. Manifestation in faktisches, situatives Berufshandeln aber weniger in den Blick genommen wird.

Schiersmann, Weber und Petersen stellen nun ein vielschichtiges und anspruchsvolles Kompetenzprofil vor, das als Referenzrahmen für eine professionelle Beratung verstanden und an einem systemischen Verständnis von Beratung ausgerichtet wird. Die Autoren unterscheiden dabei insgesamt vier „Kompetenzgruppen" (ebd., S. 214f.). Als übergeordnet gelten zunächst *„systemumfassende Kompetenzen"*, mit denen die Orientierung des Beratungshandelns an den Bedürfnissen der Ratsuchenden, an der Transparenz des Beratungsangebots, an ethischen Prinzipien, professioneller Haltung und Standards für Beratungsqualität in den Mittelpunkt gestellt werden (ebd.). Es folgen drei weitere Kompetenzgruppen, die prozessbezogenen, organisationsbezogenen und gesellschaftsbezogenen Kompetenzen.

Prozessbezogen geht es um die professionelle Gestaltung von Beratungsprozessen und aller dazu zählender Aspekte. Dazu gehören Kompetenzen wie „das Schaffen stabiler Rahmenbedingungen und struktureller Sicherheit, das Schaffen einer für den gemeinsamen Beratungsprozess tragfähigen Beziehung, das Klären der Beratungsanliegen, die gemeinsame Situationsanalyse und die Klärung von Zielen, das Identifizieren und Stärken von Kompetenzen und Ressourcen der Ratsuchenden sowie das Erarbeiten von Lösungs- bzw. Handlungsperspektiven" (ebd., S. 215).

Organisationsbezogene Kompetenzen in der Beratungstätigkeit beziehen sich auf Beratungen in Organisationen. Sie umfassen Kompetenzanforderungen in Bezug auf die organisationalen Rahmenbedingungen, z. B. die Mitgestaltung des organisationalen Leitbilds, die Weiterentwicklung formaler Strukturen, Prozesse und der Organisationskultur, die „effiziente Nutzung und nachhaltige Sicherung der organisationalen Ressourcen", den Aufbau von Netzwerken (ebd.).

Gesellschaftsbezogen werden Anforderungen an Beratende beschrieben im Hinblick auf „die Berücksichtigung relevanter gesellschaftlicher Rahmenbedingungen (z. B. Bildungswesen, Berufe und Arbeitsmarkt) und Förderung allgemein akzeptierter gesellschaftlicher Ziele (z. B. Förderung der Selbstorganisation der Ratsuchenden; Erhöhung der Beteiligung an Bildung, Beruf und Beschäftigung; Abnahme individueller und gesellschaftlicher Fehlinvestitionen und Fehlallokationen; Förderung gesellschaftlicher Teilhabe sowie sozialer Inklusion)" (ebd.).

Allen genannten Kompetenzen in den jeweiligen Gruppen werden Kompetenzindikatoren zugeordnet, mit denen sie auf der Handlungsebene zu konkretisieren sind. Sie umfassen sowohl kognitive Ressourcen, wie beratungsspezifisches theoretisches, methodisches und ethisches Wissen als auch affektiv-motivationale Ressourcen, wie „Motivationen, Emotionen, professionelle berufliche innere Überzeugungen, Werthaltungen" (ebd., S. 288).

Deutlich wird: Auf der Organisations- und Gesellschaftsebene richtet sich dieses Kompetenzprofil für professionelle Beratung in Bildung, Beruf und Beschäftigung auf eine effiziente Nutzung von Ressourcen, zum einen im Hinblick auf organisatorische Entwicklungsprozesse, zum anderen bezogen auf die Förderung gesellschaftlichen Humankapitals. Systemumfassend und prozessbezogen richtet sich dieses Kompetenzprofil aus an den Ratsuchenden, deren Bedürfnissen und Beratungsanliegen, wozu eine „tragfähige" Beziehung entwickelt werden soll. Diese vier Ebenen stehen scheinbar kompatibel nebeneinander. Da sie nicht konkret zueinander ins Verhältnis gesetzt werden, sind Zielkonflikte nicht sichtbar. Problematisch daran ist, und hier wiederholt sich die bereits erwähnte Kritik an Kompetenzprofilbildungen, dass dadurch mögliche Spannungs- und Konkurrenzverhältnisse zwischen diesen Kompetenzebenen nicht in den Blick geraten:

Wenn sich systemumfassende Kompetenzen ebenso wie die prozessbezogenen Kompetenzen an den Bedürfnissen der Ratsuchenden ausrichten, erfordert dies in der Beratung eine je spezifische subjektbezogene Ausrichtung an individuellen bildungs- und berufsbiografischen Erfahrungen, Bedeutungshorizonten und Handlungsorientierungen. Eine tragfähige Beratungsbeziehung, die auf Vertrauen angewiesen ist, setzt überdies voraus, dass das professionelle Beratungshandeln nicht durch ein eigenes strategisches Interesse der Beraterin bzw. des Beraters an einer bestimmten Entscheidung der zu Beratenden geleitet wird (vgl. Kapitel 3.2).

Der gesellschaftliche Kompetenzbezug unterstreicht dagegen die „Förderung allgemein akzeptierter gesellschaftlicher Ziele" wie etwa die Erhöhung der Bildungsbeteiligung und die „Abnahme individueller und gesellschaftlicher Fehlinvestitionen" (s.o.). Vorausgesetzt wird mit dieser normativen Ausrichtung implizit die Ausrichtung der Ratsuchenden am Maßstab einer kontinuierlichen Bildungsanstrengung. Bildungsberatung wird an dieser Stelle vor allem an die bildungspolitische Maxime kompetenzorientierten lebenslangen Lernens geknüpft, das eher auf eine quantitative Steigerung der Bildungs- und Weiterbildungsbeteiligung zielt.

Ohne dieses Ziel generell in Frage stellen zu müssen, greift es m. E. doch zu kurz, wenn diese Maxime für ein Verständnis professionellen Handelns in der Bildungsberatung als „allgemein akzeptiertes gesellschaftliches Ziel“ als Norm übernommen wird. Übersehen wird dabei, dass die gesellschaftlichen Bildungssysteme auch ungleiche soziale Verwirklichungschancen mit Bildung umfassen und dass daraus resultierend unterschiedliche Handlungsorientierungen, -fähigkeiten und Unterstützungsbedarfe von Menschen entstehen, je nachdem, ob und wie sie Bildungs- und Weiterbildungsanstrengungen entwickeln können und wollen. Der Befähigungsansatz sensibilisiert an dieser Stelle dafür, einen Unterschied zwischen Bildungsressourcen als vorliegende Grundgüter und dem tatsächlichen Vermögen von Menschen zu machen, in dem ihnen zugänglichen Bereich unterschiedliche Formen der Gestaltung von Bildungs- und Berufsverläufen für sich auszuwählen. In diesem Zusammenhang greift die Förderung instrumenteller Kompetenzen zur Erhöhung der Bildungsbeteiligung in Form einer „Förderung von Selbstorganisationsfähigkeit“ zu kurz (Schiersmann et al. 2013, S. 212). Die Frage, wie mit einer Differenz zwischen gesellschaftlichen Zielen mit Bildung und den Perspektiven der Einzelnen auf ihre Bildungswege umzugehen ist und welche Bedeutung ihr zugemessen wird, bleibt in der Anlage dieses Professionalitätsverständnisses als Kompetenzprofil für Beratende in Bildung, Beruf und Beschäftigung offen bzw. ungeklärt. Hier wird eine Befähigung zu einer selbstgesteuerten Gestaltung von Lernprozessen, von Interessen und Kompetenzen vorausgesetzt, also die Fähigkeit der einzelnen, ihre Ressourcen zu nutzen, Chancen und Handlungsspielräume zu erkennen und zu ergreifen. Dies lässt jedoch soziale Realitäten wie etwa die selektive Weiterbildungsbeteiligung unberücksichtigt.

Das zugrunde gelegte Kompetenzkonzept für professionelles Handeln richtet sich aus am dominierenden bildungs- und arbeitsmarktpolitischen Diskurs, der auf ein lebenslanges Lernen zielt, wobei Bildung unbemerkt mit Kompetenzentwicklung gleichgesetzt wird (vgl. Kapitel 3). Ein solches kompetenztheoretisch fundiertes Verständnis von Professionalität *lässt einen eigenen Maßstab für innerprofessionell geteilte Orientierungen vermissen, der es ermöglicht, die professionelle Rationalität neben eine bildungs- und arbeitsmarktpolitische zu stellen und diese interaktiv zu gestalten*. In einem Kompetenzkonzept, das bildungs- und arbeitsmarktpolitische Ziele übernimmt, ist es für zu Beratende nur möglich, sich zwischen alternativen Ressourcen zur Kompetenzerweiterung zu entscheiden. Bedürfnisse, die mit diesen Zielen nicht kongruent sind, werden darin zum Problem für die Beratenden und damit für die Beratung, da sie ihrer zu Grunde liegenden Orientierungsfolie nicht entsprechen (vgl. Kapitel 2.2). Hier zeigt sich, dass professionelles Handeln in einer Bildungsberatung und -begleitung, die sich durch einen gleichzeitigen Bezug auf gesellschaftliche Anforderungen, soziale Bedingungsfaktoren und individuelle Handlungsfähigkeiten auszeichnet, einer eigenlogischen theoretischen Orientierung bedarf, um als *begründetes Handeln* rekonstruiert und anerkannt werden zu können und nicht allein als nachgeordnete Reaktion auf dominierende gesellschaftliche Entwicklungen und bildungspolitische Forderungen.

Das kompetenztheoretische Verständnis von Professionalität wäre durch eine theoretische Erweiterung seines gesellschaftlichen Bezugskontextes um die Fähigkeitenperspektive zu ergänzen, die sich „auf das Menschenleben" (Sen 2013, S. 261) konzentriert bzw. auf Fähigkeiten der Subjekte, ihre Möglichkeiten zu entwickeln. Vor dem Hintergrund dieser erweiterten Perspektive lässt sich eine generelle Problematik kompetenzorientierter Bildungskonzepte in der Bildungsforschung darin erkennen, dass sie vor allem die funktionalen Fähigkeiten hervorheben, die Menschen benötigen, um in hochdynamischen Gesellschaften gut zu leben und so ihre Beschleunigungsprozesse unterstützen (vgl. Kapitel 3.1). Der Fähigkeitenansatz „vermag (...) die funktionale Perspektive von Kompetenzansätzen zu erweitern, denn jemand kann aufgrund seiner Kompetenzausstattung ‚gut leben' ohne ein ‚gutes Leben' zu führen" (Otto 2013, S. 231).

Resonanztheoretisch gesehen geht es hier um den Widerstreit zwischen einer – gesellschaftsstrukturell geforderten – Orientierung an Konkurrenz und Wettbewerb und einer – anthropologisch begründeten – Resonanzorientierung, die einhergeht mit Unverfügbarkeit, Zeitvergessenheit, einer „transformative(n) Offenheit für das Begegnende und die Unvorhersagbarkeit der Konsequenzen" (Rosa 2016, S. 695f.). Im Rahmen dieser unterschiedlichen, miteinander ringenden Interessen und Orientierungen entstehen Deutungs- und Handlungsspielräume. Diese Spielräume in ihren Spannungsfeldern auszuleuchten und zur Handlung- und Entscheidungsfähigkeit zu führen, ist Ziel eines professionalisierten befähigungsorientierten Bildungsberatungsverständnisses. Damit lässt es sich auch beschreiben als „Balancierung zwischen stabilisierender Aufrechterhaltung und innovativer Umstrukturierung von personalen, sozialen und gesellschaftlichen Strukturen" (Tiefel 2004, S. 124).

In diesem Zusammenhang verweisen die Erkenntnisse differenztheoretischer Perspektiven auf professionelles Handeln auf einen weiteren wichtigen Aspekt. Sie zeigen, wie bereits deutlich wurde, dass mit dieser Handlungsstruktur Zonen der Unbestimmtheit und der Mehrdeutigkeit (Abbott 1988) verbunden sind, die Aushandlungsleistungen zwischen funktionslogischer und strukturlogischer Rationalität erfordern (Siller 2008, S. 264ff.). Dazu sind eine spezifische Kommunikations- und Interaktionskompetenz, Empathie und hermeneutisches Fallverstehen ebenso notwendig wie ein theoretisch eigenlogisch fundiertes wissenschaftliches

Verständnis professionellen Beratungshandelns, mit dem nicht auflösbare Spannungsfelder und Kernprobleme dieses Handelns im Organisationskontext sowie damit verbundene widersprüchliche Anforderungen und Erwartungen an einen professionellen Handlungsmodus zu reflektieren und zu relationalisieren sind. Erfolg bzw. Wirksamkeit professionellen Beratungshandelns sind dann daran zu messen, inwieweit es zur Erweiterung der Entfaltungsmöglichkeiten der Subjekte beiträgt.

4.2.1 Professionelle Bildungsberatung im gesellschaftsstrukturellen Kontext – ein kritischer Ausblick

Professionelles Handeln in der Bildungsberatung und -begleitung, das seine differenten Bezugsebenen aufeinander bezieht und auf erweiterte Verwirklichungschancen zielt, ist vor dem im Vorangegangenen ausgeleuchteten Hintergrund ihrer heterogenen Bedingungszusammenhänge nicht eng an vorab bestimmte, standardisierte Effizienzmaßstäbe der Wirksamkeit auszurichten. Sen verbindet mit seiner Ausrichtung am Subjekt und seinen „tatsächlichen Chancen" eine „drastische Veränderung der Evaluierungsansätze" in den Sozialwissenschaften (Sen 2013, S. 281) und betont, „dass die Mittel für ein befriedigendes Menschenleben nicht selbst Ziele des guten Lebens sind" (ebd., S. 282). Diese Differenzierung ist auch in der empirischen Beratungsforschung zukünftig stärker nutzbar zu machen: Konventionelle Evaluations- und Wirkungsanalysen sind darauf fokussiert zu untersuchen, inwieweit Interventionen die vorab und extern definierten „Outcomes" erzielen; so ist die Finanzierung öffentlicher Bildungsberatungsangebote vorwiegend an quantifizierte Anforderungen ökonomischer Effizienz gebunden, konkret an der Zahl erbrachter Beratungen (Ewers 2014). Dagegen rücken qualitative Fragen „nach den eröffneten Freiheits- und Autonomiespielräumen dabei gewöhnlich in den Hintergrund, prozessuale Veränderungen der Bedürfnisse, Interessen und Problemwahrnehmungen der AdressatInnen sind in der Regel nicht vorgesehen" (Otto et al. 2010, S. 157).

Diese qualitativen Aspekte stehen mit einer Professionalitätsperspektive im Vordergrund, die den Fokus auf individuelle Entfaltungsmöglichkeiten mit Bildung vor dem Hintergrund ihrer heterogenen sozialweltlichen Bezüge legt. Im Mittelpunkt steht die jeweilige Person als „Zweck an sich" (Nussbaum 2014, S. 106) und ihre Handlungsfähigkeit. Damit eröffnet sich eine umfassendere Sicht auf individuelle Lebens- und Bildungszusammenhänge und ihre Resonanzachsen, so dass „auch Anerkennungsverhältnissen, Repräsentationsverhältnissen und Formen der Diskriminierung sowie soziokulturellen Dimensionen – im Sinn von

Haltungen, symbolisch artikulierten Lebensentwürfen und sinngebenden Praktiken – eine systematische Bedeutung" zukommt (Otto et al. 2010, S. 157).

Mit einem solchen mehrperspektivischen Professionalitätsprofil von Bildungsberatung und -begleitung lassen sich – wie es das Beispiel des Projekts „Bildungscoaching" praktisch zeigt (vgl. Kapitel 4.2) – Anschlüsse herstellen zu den Beratungsformen Supervision und Coaching. Sie sind von ihrer jeweiligen Tradition her nicht prioritär im Bildungskontext, sondern in der Arbeitswelt verwurzelt und werden von mehreren Analyseperspektiven geleitet. Ihre theoretische und konzeptionelle Grundlegung ist auf eine Bedarfsstruktur ausgerichtet, in der die Weiterentwicklung der Handlungs- und Entscheidungsfähigkeit von Einzelnen, Teams und Gruppen im Rahmen ihrer Aufgaben- und Rollenanforderungen in Organisationen im Mittelpunkt steht. Situativ, fall- und prozessbezogen reflektieren sie Anliegen von Einzelnen, Gruppen und Teams und berücksichtigen dabei subjektiv-biografische, interaktions- und organisationsbezogene Einflussfaktoren. Im Rahmen dieses komplexen konzeptionellen Rahmens, in dem der Umgang mit Anforderungen in der Arbeitswelt im Mittelpunkt steht, lässt sich vor allem Supervision als ein Bildungsprozess im klassischen Sinn beschreiben, in dessen Zentrum die Dynamik einer offenen Suchbewegung steht (Siller 2017, S. 113). Anschlussfähig an dieses Professionalitätsverständnis ist eine befähigungsorientierte Bildungsberatung und -begleitung insofern, als dass es auch hier darum geht, es Ratsuchenden in einem geschützten Raum zu ermöglichen, ihre in diesem Fall vorwiegend bildungsbezogenen, aber damit implizit auch arbeitsweltbezogenen Interessen, Erfahrungen, Anforderungen, Probleme, Unsicherheiten und Ängste zur Darstellung zu bringen, in der Komplexität ihrer subjektiv-biografischen, interaktions- und organisationsbezogenen Zusammenhänge zu reflektieren und in einem gemeinsam gestalteten Prozess Handlungs- und Entscheidungsfähigkeiten zu erweitern (Siller 2014, S. 160f.; Siller 2008, S. 277ff.).[35]

Allerdings ist Bildungsberatung vorrangig im (Weiter-)Bildungssystem angesiedelt und finanziert, was, wie bereits sichtbar wurde, eine strukturelle Abhängigkeit von bildungspolitischen Leitlinien und einem ökonomisch geprägten Verwertbarkeitsanspruch mit sich bringt. Dagegen sind Supervision und Coaching als Beratungsformen weitgehend frei organisiert und finanziert. Sie sind zwar auch marktabhängig und damit funktionslogisch, aber gleichzeitig als trägerunabhängige Beratungsinstrumente fachlich-inhaltlich mit ihrer professionellen Rationalität an zentrale gesellschaftliche Werte des Gemeinwohls gebunden. Gerade die Verhältnisbestimmung dieser unterschiedlichen Rationalitäten entscheidet über

35 Der Organisationsbezug richtet sich im Rahmen von Bildungsberatung auf Strukturen des Bildungssystems.

zukünftige Professionalisierungs- und Deprofessionalisierungsprozesse im Beratungshandeln (Siller 2008, S. 284).[36] Dies gilt ebenso für eine befähigungsorientierte Bildungsberatung und -begleitung. Sie braucht – als professionalitätstheoretisch fundierte Beratungsform – Entscheidungs- und Gestaltungsspielräume im Umgang mit gegenwärtigen gesellschaftlichen Bildungskonzepten lebenslangen Lernens und eine theoretische Distanz zu bildungs- und arbeitsmarktpolitischen Entwicklungen. Eine damit verbundene Ergebnisoffenheit impliziert eine Kultur des Infragestellens nach allen Seiten (Siller 2008, S. 282). Der Fokus einer professionalisierten, befähigungsorientierten Bildungsberatung unterscheidet sich damit paradigmatisch von der Vorstellung eines flexiblen, selbstgesteuerten Kompetenzerwerbs, wie sie in aktuellen bildungspolitischen Ansätzen von Bildungsberatung im Mittelpunkt steht, die Beratung zum strukturellen Bestandteil lebenslangen Lernen machen (Europäische Union 2004, S. 2). Sie richtet sich nicht (allein) an einer entsprechenden, mit den Herausforderungen der globalisierten Wissensgesellschaft begründeten Sachzwanglogik aus.

Festzuhalten ist: *Ein Professionalitätsverständnis in der Bildungsberatung und -begleitung, das gerechtigkeits- und ungleichheitstheoretisch sensibilisiert ist, orientiert sich bei der Gewichtung seiner differenten Bezugsebenen – das wurde bisher hinreichend deutlich – am Subjekt und seinen sozialen Verwirklichungschancen*. Das Handlungspotential eines ungleichheitskritischen Beratungsverständnisses, das auf die Erweiterung von Möglichkeiten hin orientiert ist, beginnt mit der Anerkennung von „Eigen-Sinn" in den soziokulturell eingebetteten Erfahrungen der Subjekte mit Bildung und ihren Bedürfnissen und Interessen zur Realisierung individueller Lebensentwürfe. Es setzt sich fort in der Arbeit mit Einzelnen oder Gruppen an Schnittstellen, an denen „der Zusammenhang zwischen eigenem Tun und persönlichem Erfolg überhaupt erst sichtbar wird" (Bude 2013, S. 127), so dass Resonanzbeziehungen entstehen bzw. gestärkt werden können. Mit diesem Zusammenhang erinnert Bude in Bezug auf diejenigen Jugendlichen und Heranwachsenden an Haupt- und Sonderschulen, für die sich „die Beschulungsschraube leer (dreht)", an Illichs Idee der „Entschulung von Bildung" aus den 1970er Jahren: „Die Fixierung auf bestimmte Schulabschlüsse, denen fragwürdige Theorien über nachgefragte Kompetenzen unterliegen, verstärkt ein erbarmungs-

36 Anknüpfungsmöglichkeiten an das mehrperspektivische Professionalitätsverständnis von Supervision und Coaching für eine befähigungsorientierte Bildungsberatung und -begleitung wären auch dahingehend zu prüfen, ob sie die Möglichkeit eröffnen, grundständige Teile der Beratungsausbildungen, wie sie für Supervision und Coaching im Rahmen eigenständiger, durch Berufsverbände akkreditierte Ausbildungsinstitute oder Masterstudiengänge stattfindet, zu verbinden und damit das bisher sehr heterogene Professionalitätsniveau von Bildungsberatung systematisch zu steigern.

loses Sortierungsmuster gerade in den unteren Rängen des deutschen Bildungssystems“ (ebd., S. 126). Deshalb schlägt er vor, die „berufliche Erstausbildung als Bildungsminimum zu definieren. Die berufliche Bildung hat den großen Vorzug, dass sie die Wirkzusammenhänge anspricht, die für einen Heranwachsenden, den die Schule anödet, eine unbestreitbare Wirklichkeit bilden“ (ebd., S. 127).

Diese Forderung verweist auf eine zeitgleiche, provokante Forderung von Willis in Bezug auf britische Arbeiterjugendliche der 1970er Jahre, die sich dem staatlichen Bildungssystem verweigern, „unabhängige Bildungseinrichtungen der Arbeiterklasse zu schaffen“, deren Bildungspraxis sich mit ihren Inhalten konkret an der gesellschaftlichen Realität dieser Gruppe orientiert (Willis 2013, S. 296). Damit wird zum einen auf eine pädagogische Möglichkeit zum politischen Druck auf strukturelle Veränderungen im Bildungssystem gezielt, zum anderen auf eine Anerkennung der „Bedeutung der informellen Arbeiterkultur und der Reproduktionsverhältnisse, die sie fördert“ (ebd.), wie sie z. B. auf der Basis gewerkschaftlicher Aktivitäten angeboten wird. Letztere sind auch gegenwärtig als ein Ausgangspunkt denkbar für solche gruppenspezifischen Bildungsexperimente.

Entgegen der Ausrichtung individualisierter Bildungskonzepte, die autonome Steuerungsprozesse der Lernenden für ihre Kompetenzentwicklung voraussetzen und forcieren, sind Bildungsprozesse und ihre Unterstützung durch Beratung und Begleitung, die an solche realen Lebens- und Bildungsverhältnisse anschließen, als *Resonanzbildungsprozesse* angelegt (Rosa 2016, S. 402ff.). In ihnen treten Bildungsinhalte stärker in Beziehung mit realer Lebenspraxis und lassen gemeinsame Interessen erkennen. Sie begleiten konkrete Praktiken der Einzelnen und Gruppen, ihre Kombinationsfähigkeiten und Möglichkeiten des Abwägens und Vergleichens nach Maßgabe dessen, was für ein gutes Leben als wertvoll erachtet wird.

Angesichts gegenwärtiger Exklusionsprozesse im Bildungssystem scheint es von zentraler Bedeutung zu sein, solche Bildungsräume vor allem für diejenigen zu stärken und durch Bildungsberatung und -begleitung zu unterstützen, für die institutionalisierte Bildung eine Sackgasse ist oder für die eine zukunftsbezogene Rolle von Bildung noch ungewiss ist. „In gewisser Weise konfrontieren diese Heranwachsenden und Jugendlichen das Bildungssystem mit seinem Grundproblem: der Klärung des Sinns von Bildung, die nicht allein der Auslese dient und nicht nur Berechtigungen vergibt, sondern der Stärkung der Person durch die Auseinandersetzung mit einer wenig erfreulichen, wenig verlässlichen und wenig entgegenkommenden Wirklichkeit dient. Bildung für alle ist das Ziel, dem kaum jemand widersprechen wird. Aber was ist der Maßstab, an dem die Erreichung dieses Ziels gemessen wird?“ (Bude 2013, S. 54).

Diese Frage gilt jedoch ebenso für die sogenannten „Leistungsträger“, die durch Konkurrenz und Wettbewerb um erfolgreiche Berufskarrieren mit einem gesellschaftlichen Beschleunigungs- und Steigerungszwang konfrontiert sind, die Resonanzbeziehungen erodieren lassen und zu weitreichenden Entfremdungsprozessen führen (Rosa 2016, S. 692). Für sie geht es aus der Perspektive einer an Fähigkeiten i.S. von Entfaltungsmöglichkeiten orientierten Beratung im Weiterbildungskontext darum, Maßstäbe eines guten Lebens (weiter) zu entwickeln, in dem sie Bildung als Verwirklichungschance wahrnehmen und in dem sie gleichzeitig Grenzen eines ressourcen- und kompetenzorientierten Umgangs mit Lebenszeit (oder besser: Grenzen dessen, was möglich ist) erkennen und mutig auch setzen.

An dieser Stelle wird die *gesellschaftspolitische Bedeutungsebene* eines an Entfaltungsmöglichkeiten orientierten Professionalitätsverständnisses in der beratenden und begleitenden Unterstützung von Bildung „im Medium des Allgemeinen" (Klafki 1996, S. 56; vgl. Kapitel 3.1.1) deutlich sichtbar. Bildung zielt dabei nicht nur auf Verwirklichungschancen mit institutioneller Bildung und Bildungsabschlüssen im individuellen Karrierebezug, sondern „auf den Menschen als erkennendes, ethisch und politisch entscheidendes und handelndes, emotional empfindendes und wertendes, zwischenmenschliche Beziehungen vollziehendes, ästhetisch wahrnehmendes und gestaltendes, nicht zuletzt auch als produktiv arbeitendes und seine Welt handwerklich-technisch veränderndes Wesen" (Tippelt 2002, S. 54).[37]

Professionelles Beratungshandeln im Bildungskontext – verstanden als Befähigung zur Erweiterung realer Handlungsfähigkeiten im Hinblick auf ein für gut befundenes Leben – steht damit im direkten Bezug zu partizipativen, kulturellen und materiellen Lebensgrundlagen. In diesem gesellschaftspolitischen Zusammenhang sind m. E. gegenwärtig folgende Aspekte von besonderer Bedeutung:

Vor dem Hintergrund der zentralen gesellschaftlichen Bedeutung von Bildung und Bildungsabschlüssen und der gleichzeitigen Zuschreibung von Selbstverantwortung für das Gelingen von Bildungsprozessen ist davon auszugehen, dass sich damit einhergehende Vereinzelungsprozesse im Kampf um gesellschaftlichen Erfolg fortsetzen und sich bereits existierende gesellschaftliche Spaltungen zuspitzen.[38] Soziale, kulturelle und politische Handlungsfähigkeit sind über Bildung

37 Tippelt bringt hier das Allgemeinbildungsverständnis von Klafki in pointierter Form auf den Punkt (vgl. Kapitel 3.1.1). Auf die gegenwärtige Relevanz des Klafkischen Verständnis von Bildung verweist auch Lederer (2014) in seiner Habilitationsschrift.

38 Hier zeigt sich auch ein wesentlicher Unterschied zu Willis Studie mit Arbeiterjugendlichen, die als Gruppe mit homogener Identität, Solidaritäts- und Selbstbewusstsein sichtbar wird und sich in ihrer Gegenkultur deutlich nach außen präsentiert. Gegenwärtig lässt sich eine in dieser Art formierte homogene, an informellen Werten orientierte „Gegenkultur" in von Bildung exkludierten Gruppen nicht erkennen (Willis 2013).

zu erlangen. Für diejenigen, denen dies nicht gelingt und die darüber ihr Leben nicht als gut entwickeln können, ist damit verbundener Selbstwert, Anerkennung und Selbstwirksamkeit über andere Zusammenhänge zu konstituieren. Auf die darin enthaltene Problematik für die Entwicklung demokratischer Gesellschaften hat jüngst Carlo Strenger (2017) aufmerksam gemacht. Er erinnert an die zentrale Bedeutung einer freiheitlichen Erziehung und umfassenden Bildung für die Verteidigung freiheitlicher westlicher Gesellschaften. Insbesondere diejenigen, die daran scheitern, die Chancen eines freien Lebens aktiv zu ergreifen und gleichzeitig Grenzen des Möglichen zu erkennen, beschreibt er als anfällig für autoritäre Strukturen und Weltbilder, rechtsextremistische und fundamentalistische Orientierungen (Strenger 2017, 107ff.). Didier Eribon (2016) macht in vergleichbarer Weise einen Zusammenhang zwischen der Formierung von Gruppen über negative Erfahrungen der Unterlegenheit und Ohnmacht in Bezug auf die Gestaltung des eigenen Lebens, fehlender politischer Repräsentation und rassistischen Ideologien sichtbar: „Die fehlende Mobilisierung der Gruppe bzw. die fehlende Selbstwahrnehmung als solidarisch-mobilisierbare Gruppe (...) führt dazu, dass rassistische Kategorien die sozialen ersetzen“ (Eribon 2016, S. 139). Die Orientierung an politischen Extremen wird zu einem Ventil. Diese Analyse, die er auf die Unterstützung rechtsextremer Ideologien des Front National durch Teile der französischen Arbeiterklasse bezieht, ist auch auf andere Milieus und Zusammenhänge anwendbar (Emcke 2016, S. 42ff.).

Auch aus dieser gesellschaftspolitischen Perspektive zeigt sich, dass eine Auseinandersetzung mit den in den gegenwärtigen Bildungskonzepten des autonomie- und kompetenzbetonten lebenslangen Lernens konkret entstehenden Problemen mit einem auf Dauer gestellten Selbstoptimierungsdruck von entscheidender Bedeutung ist. Dazu trägt eine professionalitätstheoretisch begründete Bildungsberatung und -begleitung bei, die ihren Ausgangspunkt darin legt, zentrale menschliche Fähigkeiten als Ansprüche der einzelnen und als notwendige Bedingung für ein menschenwürdiges Leben anzuerkennen (Nussbaum 2014, S. 232f.). Sie kann als ergebnisoffenes, reflexives Konzept auf der Basis professioneller Rationalität Räume der Entschleunigung schaffen, in denen Menschen aller Altersgruppen unterstützt werden, sich selbstbewusst und aktiv mit Entfaltungsmöglichkeiten in ihrer praktischen Lebensführung zu identifizieren, die die Idee eines guten Lebens beinhalten und dessen konkrete soziale Ausgestaltung gleichzeitig mit heterogenen soziokulturellen Erfahrungshintergründen zu verweben ist. Bildung ist damit nach wie vor im Negtschen Sinn „wesentlich auch Entwicklung von Eigensinn, von Wissens- und Urteilsvorräten, die nicht immer gleich anwendungsfähig sind und aufgebraucht werden. Nur das macht Menschen widerstandsfähig gegen Manipulationen und Verführungen“ (Negt 1998, S. 33).

Politisch bleibt allerdings auch eine an Verwirklichungschancen orientierte Bildungsberatung darauf verwiesen, *dass der Reproduktion sozialer Ungleichheit im Bildungssystem strukturell entgegensteuert wird*. Sie ist durch individuelle Förderungsmaßnahmen wie Bildungsberatung nicht zu bearbeiten und gibt Anlass zu berechtigtem gesellschaftlichen Unmut. Gegenwärtig scheint sich durch die enge Verzahnung von Bildungsberatung mit den europäischen Zielsetzungen wettbewerbsorientierten lebenslangen Lernens eine gespaltene Entwicklung zwischen zwei Polen abzuzeichnen: Beratung stellt im Rahmen öffentlich geförderter Weiterbildung zum Teil ein verpflichtendes, an Leistungsbezüge gekoppeltes Angebot dar und wird von begrenzt professionalisiertem Personal mit knappem Zeitbudget durchgeführt. Davon betroffen sind vor allem diejenigen gesellschaftlichen Gruppen, die besonders angewiesen sind auf eine ihre Bildungs- und Ausbildungswege begleitende, befähigungsorientierte professionelle Unterstützung. Gleichzeitig können erfolgreich Beschäftigte mit hohen Bildungsabschlüssen und Einkommen auf privat finanzierte, hoch professionalisierte und hochpreisige Beratungs- bzw. Coachingangebote zurückgreifen (Käpplinger 2009; Ewers 2014).

Um reale Fähigkeiten und Bedürfnisse der einzelnen Subjekte im Hinblick auf die Gestaltung des eigenen Lebens mit Bildung und Weiterbildung in den Blick nehmen zu können, bedarf es auf wissenschaftlicher Ebene vor allem empirischer Bildungs- und Bildungsberatungsforschung, die eine klare analytische Distanz zu bildungspolitischen Konzepten von Bildung und ihren Zielen aufweist. Der vorliegende Text plädiert dafür, evaluative Maßstäbe einer solchen empirischen Bildungsforschung verstärkt in den Kontext einer emanzipatorischen Bildungstheorie zu stellen, die das Ausmaß realer Fähigkeiten zu einer Entfaltung reflexiver Freiräume und selbstbestimmter Lebenspraxis, von Entscheidungs- und Urteilsfähigkeit zum Maßstab für gelungene Bildungsprozesse macht.

Literatur

5

Abbott, Andrew. 1988. *The System of Professions. An Essay on the Division of Expert Labour*. Chicago, London: University of Chicago Press

Alheit, P., und B. Dausien. 2002. Bildungsprozesse über die Lebensspanne und lebenslanges Lernen. In *Handbuch Bildungsforschung,* Hrsg. Rudolf Tippelt, 565–585. Opladen: Leske und Budrich.

Arendt, Hannah. 1958. *Die Krise der Erziehung*. Bremen: Angelsachsenverlag.

Arnold, Rolf. 2000. Lebenslanges Lernen aus der Sicht der Erwachsenenbildung. In *Lebenslanges Lernen im Beruf. Seine Grundlegung im Kindes- und Jugendalter*. Bd. 5: Erziehungs- und Bildungsforschung, Hrsg. F. Achtenhagen und W. Lempert, 151-166. Opladen: Leske und Budrich.

Arnold, R., und J. Mai. 2009. Bildungsberatung – historische Entwicklungen und aktuelle Begriffsbestimmungen. In *Bildungsberatung im Dialog*, Bd. 1, Hrsg. R. Arnold, W. Gieseke und C. Zeuner, 213–226. Baltmannsweiler: Schneider.

Autorengruppe Bildungsberichterstattung, Hrsg. 2012. *Bildung in Deutschland 2012. Ein indikatorengestützter Bericht mit einer Analyse zur kulturellen Bildung im Lebenslauf.* Bielefeld: wbv.

Autorengruppe Bildungsberichterstattung, Hrsg. 2016. *Bildung in Deutschland 2016. Ein indikatorengestützter Bericht mit einer Analyse zu Bildung und Migration*. Bielefeld: wbv.

Baethge, Martin, und V. Baethge-Kinsky. 2004. *Der ungleiche Kampf um das lebenslange Lernen*. Münster, New York, München, Berlin: Waxmann

Barz, Heiner, und R. Tippelt. 2004. *Weiterbildung und soziale Milieus in Deutschland, Bd. 2, Adressaten und Milieuforschung zu Weiterbildungsverhalten und -interessen*. Bielefeld: wbv.

Bertelsmann Stiftung, Institut für Schulentwicklungsforschung Dortmund, Institut für Erziehungswissenschaft Jena, Hrsg. 2017. *Chancenspiegel – eine Zwischenbilanz zur*

G. Siller, *Professionelle Bildungsberatung*, Edition Professions- und Professionalisierungsforschung 9,
https://doi.org/10.1007/978-3-658-19544-1

Chancengerechtigkeit und Leistungsfähigkeit der deutschen Schulsysteme seit 2002. Gütersloh: wbv.

Beywl, W., und K. Zierer. 2015. Lernen sichtbar machen. Zur deutschsprachigen Ausgabe von „Visible Learning". In *Lernen sichtbar machen*, Hrsg. John Hattie, VI-XXVI. Baltmannsweiler: Schneider.

Bieri, Peter. 2012. Wie wäre es gebildet zu sein? In *Was ist Bildung? Eine Textanthologie*, Hrsg. Heiner Hastedt, 228-240. Stuttgart: Reclam.

Böhnisch, Lothar. 2017. Die Tücken der Rezeption. In *Capability Approach und Sozialpädagogik. Eine heilige Allianz?*, Hrsg. E. Mührel, C. Niemeyer und S. Werner, 155-168. Wiesbaden: Springer.

Bourdieu, Pierre.1982. *Die feinen Unterschiede. Zur Kritik der gesellschaftlichen Urteilskraft.* Frankfurt am Main: Suhrkamp.

Bude, Heinz. 2013. *Bildungspanik.* München: Deutscher Taschenbuch Verlag.

Bundesministerium für Bildung und Forschung, Hrsg. 2015. *Weiterbildungsverhalten in Deutschland 2014. Ergebnisse des Adult Education Survey – AES Trendbericht.* Bonn: wbv.

Bund-Länder-Kommission (BLK). 2004. *Vorschläge zur Verbesserung der Bildungsberatung für Personen mit Migrationshintergrund Heft 118.* Bonn.

Buschmeyer, Hermann, und C. Eckhardt. 2010. *Materialien zum 3. Weg in der Berufsausbildung. Bildungscoaching – Eine Arbeitshilfe.* Gesellschaft für innovative Beschäftigungsförderung mbH (G.I.B.). Bottrop.

Cuvry de, A., Kossack, P., und Zeuner, C. 2009. Das Hamburger Strukturmodell zur Bildungsberatung. In *Hessische Blätter für Volksbildung, 59. Jg., Heft 1*: 19-28.

Dausien, Bettina. 2011. „Das beratene Selbst" – Anmerkungen zu Bildungsbiografien im gesellschaftlichen Wandel und Strategien ihrer professionellen Bearbeitung. In *Zukunftsfeld Bildungs- und Berufsberatung. Neue Entwicklungen aus Wissenschaft und Praxis,* Hrsg. M. Hammerer, E. Kaelutti und I. Melter, 21-40. Bielefeld: wbv.

Deutscher Caritas Verband. 2017. Bildungschancen vor Ort 2017. Freiburg. www.caritas.de/fuerprofis/fachthemen/kinderundjugendliche/bildungschancen/bildungschancen. Zugegriffen: 22. September 2017.

Dewe, B., und H.-U. Otto. 2011. Professionalität. In *Handbuch Soziale Arbeit*, Hrsg. H.-U. Otto und H. Tiersch, 4. Aufl., 1143-1153. München: Ernst Reinhardt Verlag.

Drèze, Jean, und A. Sen. 1995. *India. Economic Development and Social Opportunity.* Oxford: Oxford University Press.

Drèze, Jean, und A. Sen, Hrsg. 1997. *Indian Development. Selected Regional Perspectives.* Oxford: Oxford University Press.

Eichinger, Ulrike. 2016. Zur Vielfalt der Kritik in und an Sozialer Arbeit. Ein Diskussionsangebot für eine Kritische Praxisforschung. In *Forum Wissenschaft Heft 1*: 13-16.

Emcke, Carolin. 2016. *Gegen den Hass.* Frankfurt/Main: S. Fischer.

Enoch, Clinton. 2013. Beratung als Aufklärungsinstanz des Individuums – demokratietheoretische Aspekte einer kritischen Beratungstheorie. In *Engagement für die Erwachsenenbildung*, Hrsg. B. Käpplinger, S. Robak und S. Schmidt-Lauff, 187-195. Wiesbaden: Springer VS.

Enoch, Clinton. 2013. Theorie der Beratung im Lebenslauf. In *Bildungsberatung – Orientierung, Offenheit, Qualität. Die niedersächsischen Modellprojekte,* Hrsg. Agentur für Erwachsenen- und Weiterbildung. 127-144. Bielefeld: wbv.

Eribon, Didier. 2016. *Rückkehr nach Reims*. Berlin: Suhrkamp.

Europäische Union. 2004. Entschließung Nr. 9286/04 des Rates der Europäischen Union und der im Rat vereinigten Vertreter der Regierungen der Mitgliedstaaten vom 28.05.2004. Ausbau der Politiken, Systeme und Praktiken auf dem Gebiet der lebensbegleitenden Beratung in Europa.

Europäische Union. 2008. Entschließung Nr. 15030/08 des Rates der Europäischen Union und der im Rat vereinigten Vertreter der Regierungen der Mitgliedstaaten vom 21.11.2008. Bessere Integration lebensbegleitender Beratung in Strategien für lebenslanges Lernen.

Ewers, Nicole. 2014. Die Expansion von Bildungsberatung – eine Beobachtung. In *Glossar Ökonomisierung von Bildung*. http://www.gloeb.de/index.php?title=Bildungsberatung. Zugegriffen: 01. November 2017.

Faure, Edgar u. a. 1973. *Wie wir leben lernen. Der UNESCO-Bericht über Ziel und Zukunft unserer Erziehungsprogramme*. Reinbek: Rowohlt.

Felden, Heide von. 2009. Überlegungen zum theoretischen Konzept des lebenslangen Lernens und zur empirischen Rekonstruktion selbstbestimmten Lernens. In *Lebenslanges Lernen und erziehungswissenschaftliche Biographieforschung*. Hrsg. P. Alheit und H. von Felden, 157-174. Wiesbaden: Springer VS.

Gieseke, Wiltrud. 2000. Beratung in der Weiterbildung – Ausdifferenzierung der Beratungsbedarfe. In *Literatur- und Forschungsreport Weiterbildung*, Nr. 46, 10-17. Bielefeld: wbv.

Gieseke, Wiltrud, und K. Opelt. 2004. *Weiterbildungsberatung II. Studienbrief des Zentrums für Fernstudien und Universitäre Weiterbildung*. 2. Aufl., Kaiserslautern: TU, Zentrum für Fernstudien und Universitäre Weiterbildung.

Gieseke, Wiltrud, und M. Stimm. 2016. *Praktiken der professionellen Bildungsberatung*. Wiesbaden: Springer.

Gröning, Katharina. 2012. Pädagogische Beratung und Beratungswissenschaft. In *Grundwissen pädagogische Beratung*, Hrsg. A. Bauer, K. Gröning, C. Hoffmann und A.-C. Kunstmann, 212-217. Göttingen: Vandenhoeck & Ruprecht.

Grundmann, M., U. H. Bittlingmayer, D. Dravenau, und O. Groh-Samberg. 2010. Bildung als Privileg und Fluch – zum Zusammenhang zwischen lebensweltlichen und institutionalisierten Bildungsprozessen. In *Bildung als Privileg. Erklärungen und Befunde zu den Ursachen der Bildungsungleichheit*, 4., aktualisierte Aufl., Hrsg. R. Becker, W. Lauterbach, 51-78. Wiesbaden: Springer VS.

Grundmann, M., I. Hornei, und H. Ziegler. 2010. Bildung als Verwirklichungschance: Konturen einer muliperspektivischen Bildungssoziologie. In *ZSE Heft 4*, 375-389.

Grundmann, M., I. Hornei, und A. Steinhoff. 2013. Capabilities in sozialen Kontexten. Erfahrungsbasierte Analysen von Handlungsbefähigung und Verwirklichungschancen im menschlichen Entwicklungsprozess. In *Der Capability Approach und seine Anwendung*, Hrsg. G. Graf, E. Kapferer und C. Sedmak, 125-148. Wiesbaden: Springer VS.

Guggemos, P., M. Müller, und M. Rübner. Hrsg. 2014. *Herausforderungen und Erfolgsfaktoren beschäftigungsorientierter Beratung – Beiträge aus der Beratungsforschung*. Landau: Verlag Empirische Pädagogik.

Han, Byung-Chul. 2016. *Psychopolitik. Neoliberalismus und die neuen Machttechniken*. 2. Aufl., Frankfurt/Main: S. Fischer.

Hart, Caroline. 2012. *Aspirations, education and social justice: applying Sen and Bourdieu*. London: Bloomsbury Academic.

Hastedt, Heiner. 2012. Einleitung. In *Was ist Bildung? Eine Textanthologie*, Hrsg Ders., 7-28. Stuttgart: Reclam.

Hastedt, Heiner. 2013. Bildung und Freiheit. In *In Orientierung begriffen*, Hrsg. C. Berndt, und M. Walm, 23-36. Wiesbaden: Springer VS.

Hattie, John. 2015. *Lernen sichtbar machen*. Überarbeitete deutschsprachige Ausgabe von „Visible Learning" besorgt von W. Beywl und K. Zierer. 3. Aufl., Originalausgabe 2009. Baltmannsweiler: Schneider Verlag.

Hausinger, Brigitte. 2013. Supervision. In *Beratungsexpertise für die Arbeitswelt,* Hrsg. Deutsche Gesellschaft für Supervision, 9-14. Köln: DGSv.

Heimann, Regina. 2016. Habitussensibilität und -analyse in Beratungskontexten Sozialer Arbeit. In *Sozialmagazin 11-12*: 91-97.

Heimann, Regina (2012): Weiterbildungsberatung im Kontext des lebenslangen Lernens. In *Grundwissen Pädagogische Beratung*, Hrsg. A. Bauer, K. Gröning, C. Hoffmann und A.C. Kunstmann, 133-153. Göttingen: Vandenhoeck & Ruprecht.

Herzberg, Heidrun. 2005. Lernhabitus als Grundlage lebenslanger Lernprozesse. *Zeitschrift für qualitative Bildungs-, Beratungs- und Sozialforschung (ZBBS), 6. Jg., Heft 1*: 11-22.

Herzberg, Heidrun. 2008. Biographie – Habitus – Lernen: Erörterung eines Zusammenhangs. In *Lebenslanges Lernen*, Hrsg. dies., 51-65. Frankfurt/Main: Peter Lang.

Hornstein, Walter. 1977. Beratung in der Erziehung – Ansatzpunkte, Voraussetzungen, Möglichkeiten. Eine Einführung. In *Funkkolleg Beratung in der Erziehung*, Bd. 1, Hrsg. ders., R. Bastine, H. Junker, 21-60. Frankfurt/M: Fischer.

Humboldt, Wilhelm von. 1792/2002. erstmals publiziert 1851. *Ideen zu einem Versuch, die Grenzen der Wirksamkeit des Staates zu bestimmen*. Stuttgart: Reclam.

Institut für angewandte Wirtschaftsforschung (IAW). 2006. *Das Konzept der Verwirklichungschancen (A. Sen) – Empirische Operationalisierung im Rahmen der Armuts- und Reichtumsmessung – Machbarkeitsstudie*. Tübingen.

Jaspers, Karl. 1992. *Was ist Erziehung?* 2. Aufl., München, Zürich: Piper.

Kade, Jochen. 1992. *Erwachsenenbildung und Identität. Eine empirische Studie zur Aneignung von Bildungsangeboten*. 2. Aufl., Weinheim: Deutscher Studienverlag.

Käpplinger, Bernd. 2009. Zukunft der personenbezogenen Bildungsberatung – Vier mögliche Szenarien. In *Bildungsberatung im Dialog*, Bd. 1, Hrsg. R. Arnold, W. Gieseke und C. Zeuner, 227-247. Baltmannsweiler: Schneider Hohengehren.

Käpplinger, B., und C. Maier-Gutheil. 2015. Ansätze und Ergebnisse zur Beratung(sforschung) in der Erwachsenen- und Weiterbildung – Eine Systematisierung. *Zeitschrift für Weiterbildungsforschung (ZfW) 38*: 163-181.

Kell, Adolf. 1996. Lebenslanges Lernen – aus historischer Sicht. *Zeitschrift Die Berufsbildende Schule Heft 2*: 48-56.

Klafki, Wolfgang, 1996. *Neue Studien zur Bildungstheorie und Didaktik*. 5. Aufl., Weinheim und Basel: Beltz.

Klingovsky, Ulla. 2013. Differenz(en) statt Kompetenz. Anmerkungen zu einer dekonstruktiven pädagogischen Professionalität. https://erwachsenenbildung.at/magazin. Zugegriffen: 07. November 2017.

Kommission der Europäischen Gemeinschaften. 2000. *Memorandum über Lebenslanges Lernen*. Brüssel, 30.10.2000.

Kommission der Europäischen Gemeinschaften. 2001. *Einen europäischen Raum des lebenslangen Lernens schaffen*. Brüssel, 21.11.2001.

Konietzka, Dirk. 2010. Berufliche Ausbildung und der Übergang in den Arbeitsmarkt. In *Bildung als Privileg. Erklärungen und Befunde zu den Ursachen der Bildungsungleichheit*, 4. aktualisierte Aufl., Hrsg. R. Becker und W. Lauterbach, 277-304. Wiesbaden: Springer VS.

Kuwan, H., und S. Seidel. 2013. Weiterbildungstransparenz und Weiterbildungsberatung. In *Weiterbildungsverhalten in Deutschland. Resultate des Adult Education Survey 2012*, Hrsg. F. Bilder, D. Gnahs, J. Hartmann, H. Kuper, 232-247. Bielefeld: wbv.

Lederer, Bernd. 2014. *Kompetenz oder Bildung. Eine Analyse jüngerer Konnotationsverschiebungen des Bildungsbegriffs und Plädoyer für eine Rück- und Neubesinnung auf ein transinstrumentelles Bildungsverständnis*. Universität Innsbruck: innsbruck university press

Lotter, Wolf. 2017. Der Entwicklungshelfer. In *Brandeins. Wirtschaftsmagazin, 19. Jg., Heft 9*: 28-36.

Maaz, Kai u. a. 2014. *Herkunft und Bildungserfolg von der frühen Kindheit bis ins Erwachsenenalter. Forschungsstand und Interventionsmöglichkeiten aus interdisziplinärer Perspektive*. Wiesbaden: Springer VS.

Maier-Gutheil, Cornelia. 2013. Professionalität in der Beratung – erwachsenenbildnerische Analysen und Reflexionen. In *Engagement für die Erwachsenenbildung*, Hrsg. B. Käpplinger, et al., 179-186. Wiesbaden: Springer VS.

Mecheril, Paul. 2004. Beratung in der Migrationsgesellschaft. Paradigmen einer pädagogischen Handlungsform. In *Soziale Arbeit in der Einwanderungsgesellschaft. Grundlinien, Konzepte, Handlungsfelder, Methoden*. Hrsg. N. Cyrus und A. Treichler, 371-387. Frankfurt a.M.: Brandes + Apsel Verlag.

Mollenhauer, Klaus. 1964. *Einführung in die Sozialpädagogik*. Weinheim und Basel: Beltz.

Mollenhauer, Klaus. 1965. Das pädagogische Phänomen „Beratung". In *„Führung" und „Beratung" in pädagogischer Sicht*. Hrsg. ders. und C. W. Müller, 25-50. Heidelberg: Quelle & Meyer.

Mührel, Eric, C. Niemeyer und S. Werner. 2017. *Capability Approach und Sozialpädagogik. Eine heilige Allianz?* Weinheim Basel: Beltz Juventa.

Nationales Forum Beratung in Bildung, Beruf und Beschäftigung. 2011. *Qualitätsmerkmale guter Beratung*. Berlin, Heidelberg: Bundesministerium für Bildung und Forschung.

Negt, Oskar. 1998. Lernen in einer Welt gesellschaftlicher Umbrüche. In *Lernkonzepte im Wandel. Die Zukunft der Bildung*, Hrsg. H. Diekmann und B. Schachtsiek, 21-44. Stuttgart: Klett-Cotta.

Nittel, Dieter. 2000. *Von der Mission zur Profession? Theorie und Praxis der Erwachsenenbildung*. Bielefeld: wbv.

Nussbaum, Martha. 1999. Gerechtigkeit oder das gute Leben. Frankfurt/Main: Suhrkamp.

Nussbaum, Martha. 2000. *Women and Human Development. The Capabilities Approach*. Chicago: Cambridge.

Nussbaum, Martha. 2014. *Die Grenzen der Gerechtigkeit. Behinderung, Nationalität und Spezieszugehörigkeit*. Frankfurt/Main: Suhrkamp.

Oelkers, N., H.-U. Otto, und H. Ziegler. 2008. Handlungsbefähigung und Wohlergehen: Der Capabilities-Ansatz als alternatives Fundament der Bildungs- und Wohlfahrtsforschung. In *Capabilities – Handlungsbefähigung und Verwirklichungschancen in der Erziehungswissenschaft*. Hrsg. H.-U. Otto und H. Ziegler, 85-89. Wiesbaden: Springer.

Oevermann, Ulrich. 1996. Theoretische Skizze einer revidierten Theorie professionalisierten Handelns. In Pädagogische Professionalität, Hrsg. A. Combe und W. Helsper, 70-182. Frankfurt/M.: Suhrkamp.

Otto, Hans-Uwe und H. Ziegler. 2008. *Capabilities: Handlungsbefähigung und Verwirklichungschancen in der Erziehungswissenschaft.* Wiesbaden: Springer VS.

Otto, Hans-Uwe, A. Scherr, und H. Ziegler. 2010. Wieviel und welche Normativität benötigt die Soziale Arbeit? In *Neue Praxis 2*: 137-163.

Otto, Hans-Uwe. 2013. Über welche Bildung sprechen wir in der Sozialen Arbeit. Anmerkungen zu einer immer noch dringlichen Debatte. In *Soziale Arbeit quo vadis? Programmatische Entwürfe auf empirischer Basis,* Hrsg. M. Schilling, H. Gängler, I. Züchner, und W. Thole, 225-233. Weinheim und Basel: Beltz Juventa.

Otto, Hans-Uwe, und H. Ziegler. 2017. Soziale Arbeit, emanzipatorische Kritik und der Capabilities Ansatz. In *Capability Approach und Sozialpädagogik. Eine heilige Allianz?*, Hrsg. E. Mührel, C. Niemeyer und S. Werner, 235-255. Wiesbaden: Springer.

Pätzold, Henning. 2004. *Lernberatung und Erwachsenenbildung.* Balt-mannsweiler: Schneider.

Pongratz, Hans J. 2004. Der Typus „Arbeitskraftunternehmer" und sein Reflexionsbedarf. In *Die flexible Supervision. Herausforderungen, Konzepte, Perspektiven. Eine kritische Bestandsaufnahme*, Hrsg. F. Buer und G. Siller, 17-34. Wiesbaden: Springer.

Rauschenbach, Thomas. 2016. Informelles Lernen – Bilanz und Perspektiven. In *Handbuch informelles Lernen. Interdisziplinäre und internationale Perspektiven,* Hrsg. M. Harring, M. D. Witte und T. Burger, 803-813. Weinheim und Basel: Beltz Juventa.

Rosa, Hartmut. 2016. *Resonanz. Eine Soziologie der Weltbeziehung*. Berlin: Suhrkamp.

Schiersmann, Christiane, und P. Weber. 2013. Gesamtkonzept für Qualität von Beratung. In *Beratung in Bildung, Beruf und Beschäftigung. Eckpunkte und Erprobung eines integrierten Qualitätskonzeptes*, Hrsg. dies., 41-54. Bielefeld: wbv.

Schiersmann, C., P. Weber, und C.-M. Petersen. 2013. Kompetenz als Kern von Professionalität. In *Beratung in Bildung, Beruf und Beschäftigung. Eckpunkte und Erprobung eines integrierten Qualitätskonzeptes*, Hrsg. C. Schiersmann und P. Weber, 195-222. Bielefeld: wbv.

Schütze, Fritz. 1996. Organisationszwänge und hoheitsstaatliche Rahmenbedingungen im Sozialwesen: Ihre Auswirkung auf die Paradoxien des professionellen Handelns. In *Pädagogische Professionalität. Untersuchungen zum Typus pädagogischen Handelns*, Hrsg. A. Combe und W. Helsper, 183-275. Frankfurt/Main: Suhrkamp.

Schützeichel, Rainer. 2004. Skizzen zu einer Soziologie der Beratung. In *Die beratene Gesellschaft,* Hrsg. ders. und T. Brüsemeister, 273-285. Wiesbaden: Springer VS.

Sen, Amartya. 2013. *Die Idee der Gerechtigkeit*. 2. Aufl., München: Deutscher Taschenbuch Verlag.

Siebert, Horst. 2006. *Selbstgesteuertes Lernen und Lernberatung. Konstruk-tivistische Perspektiven*. 2. überarbeitete Aufl., Augsburg: ZIEL.

Siller, Gertrud. 2008. *Professionalisierung durch Supervision*. Wiesbaden: Springer VS.

Siller, Gertrud. 2011. Lebenslanges Lernen von Erwachsenen: bildungspolitische Akzente und die Funktion von Beratung. In *Übergänge im Lebenslauf bewältigen und förderlich gestalten*, Hrsg. W. Beelmann und E. Rosowski, 105-114. Münster: Lit Verlag.

Siller, Gertrud. 2014. *Bildungsberatung und Migration. Die Bedeutung der Bildungsbiografie*. Opladen, Berlin, Toronto: Budrich.

Siller, Gertrud. 2017. Zur Inanspruchnahme von Supervision – ein rekonstruktiver Forschungszugang. In Supervision – Konzepte und Anwendungen. Bd. 2: Supervision in der Ausbildung, Hrsg. W. Mertens und A. Hamburger, 113-123. Stuttgart: Kohlhammer.

Strenger, Carlo. 2017. *Abenteuer Freiheit – ein Wegweiser für unsichere Zeiten*. Berlin: Suhrkamp.

Thiersch, Hans. 2011. Bildung. In *Handbuch Soziale Arbeit*, 4. Aufl., Hrsg. H.-U. Otto, H. Thiersch, 162-173. München: Ernst Reinhardt Verlag.

Tietgens, Hans. 1988. Professionalität in der Erwachsenenbildung. In *Professionalität und Professionalisierung*, Hrsg. W. Gieseke u. a., 28-75. Bad Heilbrunn: Springer VS.

Tippelt, Rudolf, Hrsg. 2002. *Handbuch Bildungsforschung*. Opladen: Leske und Budrich.

Vahsen, Friedhelm G. (2013): Capabilities Approach – Zentrales Paradigma oder eklektizistischer Moralkodex? In *Der Capability Approach und seine Anwendung*. Hrsg. G. Graf, E. Kapferer und C. Sedmak, 97-123. Wiesbaden: Springer VS.

Voß, G., und H. J. Pongratz. 1998. Der Arbeitskraftunternehmer. Eine neue Grundform der „Ware Arbeitskraft"? *Kölner Zeitschrift für Soziologie und Sozialpsychologie* 50: 131-158.

Willis, Paul. 1977/2013. *Spaß am Widerstand*. Hamburg: Argument Verlag.

Wischmann, Anke. 2015. Ist das Bildung? Eine anerkennungstheoretische Perspektive auf Bildung und Benachteiligung im Kontext Kritischer Sozialer Arbeit. In *Biografie und Lebenswelt. Perspektiven einer Kritischen Sozialen Arbeit*, Hrsg. Margret Dörr et al., 175-190. Wiesbaden: Springer.

Zeitfracht Medien GmbH
Ferdinand-Jühlke-Straße 7
99095 Erfurt, Deutschland
produktsicherheit@kolibri360.de